novas buscas em educação

VOL. 19

CIP-Brasil. Catalogação-na-Publicação
Câmara Brasileira do Livro, SP

	Howard, Walter, 1880-1963
H844m	A música e a criança / Walter Howard ; [tradução de Norberto Abreu e Silva Neto]. — São Paulo : Summus, 1984.
	(Novas buscas em educação ; v. 19)
	Direção da coleção Fanny Abramovich.
	1. Educação de crianças 2. Música — Preparação e ensino 3. Música na educação I. Título.
	CDD-780.7
84-1387	-370.1

Índices para catálogo sistemático:

1. Educação de crianças : Teorias educacionais 370.1
2. Música : Estudo 780.7
3. Música e educação : Filosofia da educação 370.1

A MÚSICA E A CRIANÇA

walter howard

novas buscas em educação

summus editorial

Do original em língua francesa
La Musique et L'Enfant

Tradução de
Norberto Abreu e Silva Neto

Capa de
Edith Derdyk

Direção da Coleção
Fanny Abramovich

Direitos para a língua portuguesa
adquiridos por
SUMMUS EDITORIAL LTDA.
Rua Cardoso de Almeida, 1287
05013-001 — São Paulo, SP
Telefone (011) 872-3322
Caixa Postal 62.505 — CEP 01214-970
que se reserva a propriedade
desta tradução

Impresso no Brasil

NOVAS BUSCAS EM EDUCAÇÃO

Esta coleção está preocupada fundamentalmente com um aluno vivo, inquieto e participante; com um professor que não tema suas próprias dúvidas; e com uma escola aberta, viva, posta no mundo e ciente de que estamos chegando ao século XXI.

Neste sentido, é preciso repensar o processo educacional. É preciso preparar a pessoa para a vida e não para o mero acúmulo de informações.

A postura acadêmica do professor não está garantindo maior mobilidade à agilidade do aluno (tenha ele a idade que tiver). Assim, é preciso trabalhar o aluno como uma pessoa inteira, com sua afetividade, suas percepções, sua expressão, seus sentidos, sua crítica, sua criatividade...

Algo deve ser feito para que o aluno possa ampliar seus referenciais do mundo e trabalhar, simultaneamente, com todas as linguagens (escrita, sonora, dramática, cinematográfica, corporal, etc.).

A derrubada dos muros da escola poderá integrar a educação ao espaço vivificante do mundo e ajudará o aluno a construir sua própria visão do universo.

É fundamental que se questione mais sobre educação. Para isto, deve-se estar mais aberto, mais inquieto, mais vivo, mais poroso, mais ligado, refletindo sobre o nosso cotidiano pedagógico e se perguntando sobre o seu futuro.

É necessário nos instrumentarmos com os processos vividos pelos outros educadores como contraponto aos nossos, tomarmos contato com experiências mais antigas mas que permanecem inquietantes, pesquisarmos o que vem se propondo em termos de educação (dentro e fora da escola) no Brasil e no mundo.

A coleção *Novas Buscas em Educação* pretende ajudar a repensar velhos problemas ou novas dúvidas, que coloquem num outro prisma, preocupações irresolvidas de todos aqueles envolvidos em educação: pais, educadores, estudantes, comunicadores, psicólogos, fonoaudiólogos, assistentes sociais e, sobretudo, professores... Pretende servir a todos aqueles que saibam que o único compromisso do educador é com a dinâmica e que uma postura estática é a garantia do não-crescimento daquele a quem se propõe educar.

ÍNDICE

APRESENTAÇÃO DA EDIÇÃO BRASILEIRA

Este é um livro de crença na possibilidade da invenção.

"Não pode existir alegria maior que a de perceber que nós podemos, ainda, chegar a resultados incríveis a partir de faculdades que dormem em nós."

Por isso vale a pena apresentá-lo ao leitor brasileiro. Walter Howard, considerado cientista suíço, nascido alemão, de ascendência norte-americana, avós holandesas, confessava-se autodidata e ensinava com a autoridade dos títulos universitários que o regime nazista lhe dificultou receber. Neste livro realiza um fantástico solo, onde canta uma maneira fascinante de ensinar música à criança que, se não pudermos adotar inteiramente, nos fará ficarmos suficientemente inquietos e disponíveis para revermos tudo o que fizemos até agora no ensino da música às nossas crianças.

Uma constatação passível de vencer as hesitações iniciais: prefaciar um livro que chega aos brasileiros 32 anos depois de lançado, mas ainda recuperável? Confirmar nosso atraso no acesso às discussões pedagógicas? Admitir que ensinar música no Brasil exige do professor a leitura, em língua estrangeira, de assuntos pensados em outra língua e que deveriam ser vertidos para a nossa maneira de pensar e falar? O ensino da música para crianças não poderia ser o resultado da observação da maneira de ser das nossas crianças e da troca de idéias e experiências entre os nossos professores?

"Um duplo alerta se impõe: seria tão perigoso repelir pura e simplesmente as considerações e as opiniões aqui desenvolvidas, como aceitá-las imediatamente e sem reflexão."

Trata-se de uma edição que se destina aos professores que não temem suas próprias dúvidas, de acordo com a própria proposta da coleção e, no caso específico, aos que sabem ver a criança que o adulto deveria ser no mundo da música e, nesse sentido, é sempre bom não esquecer a afirmação de Howard: "Observei alunos expulsos de conservatórios e escolas superiores por 'falta de talento' embora se tratasse de músicos natos, simplesmente travados em seu impulso por algum obstáculo psicológico ou fisiológico fácil de eliminar..."

Samuel Kerr

São Paulo, julho de 1984

INTRODUÇÃO

A questão de *A Música e a Criança* é uma das mais importantes de toda a musicologia. O que seria a música sem o homem? E existe terreno de observação mais favorável ao estudo das relações entre a música e o homem do que o das reações da criança ante a música? Com efeito, observar e estudar essas reações resulta em se perguntar de que maneira é conveniente abrir ao homem o domínio da música, como ele reage ao primeiro contato com a música, como ela pode chegar a fazer parte integrante de seu ser íntimo, o que ela pode significar para sua vida. Naturalmente, então, várias questões subsidiárias se colocarão, por exemplo, a das diversas possibilidades que se oferecem ao homem de tomar posição ante a música. E ao considerar o melhor comportamento ante a música, depararemos logo com tudo o que impede o estabelecimento de relações normais e férteis entre a música e o homem, como a "falta de dons" e outros complexos de inferioridade.

O presente estudo se apoiará necessariamente numa quantidade de observações de ordem geral. Para fazer o exame completo da questão, seremos obrigados a não nos limitar ao domínio da arte e estender o campo de nossas investigações aos aspectos mais diversos do homem e de sua atividade. A multiplicidade e a complexidade dos pontos de vista que nos preocuparão, opostas à necessidade de concisão, não nos deixam aparentemente senão a escolha entre um verdadeiro caos de definições e uma árida enumeração de fatos. No entanto, uma terceira via parece aberta: aquela que consiste em solicitar a colaboração ativa do leitor, segundo o modelo fornecido pelo compositor de música.

Na verdade, a música sempre se entrega pela metade; exige do homem que a ouve ser restabelecida na integralidade de sua essência. O ouvinte que não recria o trecho de música que escuta, que não se transporte ao estado que seria o seu se o compusesse naquele instante, passa longe da música. Somente podemos nos vangloriar de ter escrito um bom livro se seu conteúdo for suscetível de se tornar parte integrante do leitor. Podemos esquecer as palavras ou uma melodia, mas isso não significa que esqueçamos a mudança que provocaram em nós; melhor ainda, não é preciso que o esqueçamos. As modificações que a música, provoca em nossa vida interior, como, aliás, toda a impressão exterior que age sobre as profundezas do nosso ser, significam outro tanto de ampliação, de diferenciação, de aprofundamento em nossa substância íntima, ou melhor, são, no sentido próprio do termo, a causa do despertar de nossas faculdades.

Exatamente como a música, gostaríamos de oferecer aqui estímulos, perspectivas e, ao invés de um jantar completo, uma sucessão variada de apetitosos aperitivos destinados a despertar no leitor o desejo de prosseguir seriamente a pesquisa de sua nutrição espiritual, de se tornar um gastrônomo da vida e da arte.

A musicologia atinge todos os domínios da vida interior do homem. Não descreve uma coisa morta, mas algo inseparável do homem vivo. Ao tratar, nas páginas que se seguem, do primeiro encontro entre a música e o homem na infância, desejamos abrir à questão mais geral das relações entre a música e o homem novas e decisivas perspectivas de exploração científica.

Um estudo especializado como o das relações entre a música e a criança deve necessariamente começar por uma análise geral da natureza da criança e suas reações, antes de se consagrar mais particularmente ao estudo das reações da criança diante da música. Começaremos, pois, por relatar experiências feitas com bebês, sem especialização alguma. Acrescentaremos um capítulo sobre as questões de hereditariedade e as possibilidades de influência pré-natal. Será igualmente necessário abordar as questões de técnica e de execução antes de dedicar um capítulo às diferentes maneiras de se comportar com respeito à música e enquanto se a faz. Em seguida, seremos levados a considerar as situações difíceis nas quais poderá uma criança se encontrar em relação à música, para, finalmente, falar do músico amador.

A não ser que nos percamos em hipóteses, é impossível definir completamente a posição da criança ante a música. Por outro lado, a resposta à questão colocada pelo nosso título não poderá, para o essencial, ser lida senão nas entrelinhas, no sentido de que as observações apresentadas em decorrência de uma série de experiências jamais estarão explicitamente ligadas a conclusões gerais ou a princípios que delas poderiam resultar.

Publiquei os fundamentos de meu sistema de pesquisa em 1925 na editora de Georg Kallmeyer-Wolfenbüttel, sob o título *Como eles aprendem.* É o que chamo hoje minha *Psicopedagogia.* Por outro lado, sei que em meu método o elemento pedagógico não constitui um fim em si, mas um meio de investigação das possibilidades de desenvolvimento do homem. Esta psicopedagogia eu a aprendi por mim mesmo, graças a uma longa prática de educação de artistas, de todo o domínio da educação a especialidade que certamente oferece maiores dificuldades. Com efeito, é o ser dotado no plano artístico que geralmente coloca os problemas mais contraditórios para serem resolvidos. O hábito de limitar as investigações em tal ou qual domínio exclusivamente às manifestações do termo médio sempre nos pareceu suspeito. Por isso as completamos com pesquisas sobre as manifestações excepcionais, escolhendo os exemplos tanto entre os que se situam abaixo como os que se situam acima da média.

O homem permanece perfeitamente inconsciente do funcionamento de suas faculdades inatas. Do que a natureza o dotou nunca viu-se obrigado a conquistar com empenho. Daí ignorar os motores íntimos de seus dons. E é de tal modo difícil torná-lo consciente que até hoje tem-se renunciado a isso. No entanto, faz-se indispensável agir nesse sentido, pois os mais manifestos dons não bastam por si mesmos para elevar o artista ao nível exigido. Essa é a razão pela qual justamente os seres dotados não chegam senão a resultados parciais, unilaterais, dando inclusive provas de evidente regressão, uma vez passado o primeiro arrebatamento da juventude, que, de alguma maneira transfigurava toda sua atividade. É então que no melhor dos casos só a rotina permanece, e que as lacunas e falhas se manifestam mais e mais, até conduzir freqüentemente a uma lamentável insuficiência em certos domínios essenciais da atividade considerada.

De modo geral, o homem médio é mais equilibrado em si mesmo do que o artista. Suas tendências e possibilidades em certa medida se equivalem, estabelecem-se em torno de um mesmo nível. Pelo contrário, o homem excepcionalmente dotado não é apenas unilateral, muito freqüentemente dá mostras de notáveis insuficiências em outros domínios. Foi justamente essa constatação que nos levou a observar e a estudar os indivíduos intelectualmente inferiores. É tão-somente o conhecimento desses dois extremos, da superioridade e da inferioridade no exercício de certas faculdades, que torna possíveis a exata compreensão dos dons medianos do ser humano, desde o bebê até o amador, e a maneira eficaz de tratá-los. Claro que é impossível estabelecer aqui fronteiras precisas e classificações rígidas. Além disso, ver-se-á na seqüência que nossa concepção dos "dons" difere essencialmente da concepção corrente.

Ser-nos-á necessário abrir nestas páginas perspectivas sobre os problemas da formação estética do homem. Ao mesmo tempo, forneceremos um certo número de elementos sobre os quais poderia se fundar a pesquisa científica no domínio das relações entre a música e a criança. Mas pensamos dever igualmente servir o interesse de nossos leitores, oferecendo-lhes as vias e os meios que lhes permitam fazer seu próprio exame, assim como o exame de suas crianças, a fim de que possam completar o que leram com suas experiências pessoais. Como já assinalamos, o problema posto pelo nosso título não deve ser resolvido de maneira unilateral. Trata-se, na realidade, do homem como um todo. Toda pesquisa que coloca o ser vivo como objeto deve, desejando ver-se concluída experimentalmente, começar considerando a criança no plano pedagógico. Além disso, vê-se obrigada a aplicar o método psicológico, a enredar-se nos problemas estéticos, a chegar a resultados cientificamente válidos mediante experiências precisas, a levar em conta os fatores fisiológicos e a considerar a questão dos dons inatos sob o ponto de vista artístico.

CAPÍTULO I

O BEBÊ

Para o observador atento, os recém-nascidos apresentam reações extremamente diferentes, pode-se dizer características de cada um deles. Presente a muitos nascimentos, tive a oportunidade de começar as investigações verdadeiramente pela origem. Limitei-me, entretanto, a casos de nascimento natural, quer dizer, sem intervenção artificial de qualquer espécie, pois toda a influência exercida sobre a mãe em vias de dar à luz, seja ela de natureza médica, intelectual ou psicòlógica, influencia sempre igualmente o ser recém-nascido em suas reações naturais. Nesses casos, um tempo mais ou menos longo sempre transcorria antes que o recém-nascido recobrasse de alguma forma sua inocência e pudesse, somente então, mostrar o que era na realidade.

Aprendi a conhecer, há quarenta e sete anos, na China, a opinião corrente nesse país, segundo a qual não é a mãe que dá a luz à criança, mas é esta que impele si mesma à luz. Sensibilizei-me com os argumentos dos médicos chineses e hoje devo dizer que existem influências se exercendo sobre a mãe, suscetíveis de atrapalhar e mesmo desordenar a atividade da criança, até por vários anos, senão pela vida inteira. Não dediquei pois minha atenção a casos de nascimentos mais ou menos artificiais a não ser para encontrar a confirmação de minha teoria pelo exemplo oposto ao caso normal. Efetivamente, a semelhança de reações entre crianças nascidas naturalmente forneceu a prova de que um entrave na atividade da criança durante o período de gravidez ou mesmo por ocasião do nascimento constituía um dos fatores essenciais para a determinação de suas qualidades e de seu comportamento futuros. Voltaremos ao assunto no capítulo seguinte. Por outro lado, as impressões que recebi foram uniformes na medida em que a criança não tivesse sofrido nenhuma pressão exterior durante a gestação e o nascimento, ficando o grau de uniformidade estreitamente dependente da ausência total ou somente parcial dessas pressões.

É naturalmente fácil estabelecer que faculdades faltam à criança no início. O que aparece como certo é uma atividade normal de todos os sentidos. Eis uma opinião que contradiz fortemente a opinião corrente. Mas, tomemos um exemplo, sem nos determos em experiências referentes ao olfato ou ao tato; diz-se que os olhos incessantemente errantes dos bebês são a prova de que neles o sentido da visão é ainda inexistente. Acrescente-se que para os outros sentidos — audição, tato, olfato, paladar — constata-se igualmente a ausência de qualquer sinal de reação. Tudo que se admite é que a criança sabe muito bem o que é o leite materno açucarado. Mas pensemos um instante: se a criança nada visse, seus olhos não errariam, permaneceriam imóveis. A criança *vê muito.*

Expliquemo-nos. Fala-se de excitação, de impressão dos sentidos. Nem sei mesmo se essas expressões são ainda hoje admitidas, pois objetivamente são falsas. Não sabemos nada do que se passa nos órgãos dos sentidos. O olho é atingido por todas as impressões luminosas que chegam à retina em linha reta, não importa sob que ângulo. Se víssemos tudo aquilo que atinge nossos olhos, estes girariam em todos os sentidos, como os de um nenê. Não é porventura verdade que, quando invadidos por uma quantidade de impressões novas, os olhos recomeçam a caminhar, a errar, até que pouco a pouco cheguem a agarrar-se novamente em alguma coisa determinada, a partir da qual estabelecem, mais calmamente, relações com os outros pontos do campo visual?

É evidente que, a cada instante, operamos uma seleção dentre a quantidade de impressões que atingem nossos órgãos dos sentidos. *Mas observações precisas demonstram que a reação psíquica é que está na origem dessa seleção.* Isso se evidencia quando, com indivíduos não dotados, aplicamo-nos em fazer desaparecer a "falta de dons." Constata-se isso, sobretudo, em indivíduos de valor inferior e, também, nos seres imensamente dotados. Se conseguimos preparar a pessoa de tal modo que, quando um de seus órgãos dos sentidos é impressionado, ela se sobressalta interiormente, plena de alegria, quer dizer, reage psiquicamente, então o objeto considerado é igualmente percebido. Esse fato é tanto mais válido quanto mais profunda a reação psíquica. Quanto mais superficial ou passageira for a impressão, mais incompleta e fugitiva será a percepção.

O que é então exatamente a suposta impressão sensível? A reação psíquica é uma reação motora. Somos interiormente comovidos e o sentimos em todo nosso corpo sob a condição de que não sejamos viciados. Toda a suposta reação puramente local é uma ilusão. Certo, entretanto, é que a reação subconsciente do corpo inteiro de nada nos serve; não adquire eficácia senão quando nos é tornada consciente. A ilusão de que somente certas partes do corpo reagem ou, melhor ainda, a bela quimera de uma reação puramente espiritual (quer dizer, totalmente independente do corpo) eis outro impedimento ao desabrochamento dos nossos dons. Voltaremos a isso.

Amiúde experimentamos uma reação puramente afetiva que a consciência adormenta muito rapidamente. Mas se a consciência da nossa emoção permanece desperta, há o dom. A isso pode, mas não deve necessariamente se agregar, a definição intelectual da percepção. Diz-se que os seres dotados trabalham de uma maneira puramente intuitiva, significando que entre eles tudo vive no estado exclusivamente afetivo. Ninguém pensa tão pouco e tão pouco de boa vontade como o artista. Entretanto, é verdade que sem tê-los previamente definido em abstrato, o artista não pode nem delimitar nem descrever os acontecimentos de sua vida interior. O fato é que ele os "sente" assim. Encontra a nota justa, reconhece-a, como reconhece um certo timbre, um som, as diferenças entre os sons (como, por exemplo, entre as pessoas dotadas para as línguas). O pintor sente as cores e instintivamente encontra a nuança justa, ignorando completamente os quadros de Oswaldt. Os dedos do músico acham as teclas justas de seu instrumento, sem saber como. Por isso que o artista nunca é um bom professor (o que não quer dizer que um homem desprovido de senso artístico possa ser um bom professor). Se se pensar bem, chega-se à conclusão de que é, definitivamente, impossível tocar violino com as dedilhações calculadas de antemão. Quando se interroga um artista como Casals, ele dirá: "cada vez que estico uma nova corda em meu instrumento, é preciso que me habitue a novos intervalos entre meus dedos." Consideremos que apenas no transcurso de um concerto os instrumentos de corda desafinam. Então, de nada adiantará calcular, pois todo o saber teórico, toda a técnica aprendida de forma definitiva encontrar-se-ão falhos... Portanto, somente entra em ação e se revela eficaz a sensibilidade específica da ponta dos dedos. Há um fato certo, a propósito do qual infelizmente as observações realizadas até agora são muito raras, a saber: os dedos devem aprender a buscar sozinhos, mesmo sobre o teclado do piano, pois as contrações musculares não são sempre as mesmas; um dia a mão se alonga e se põe tensa de certa maneira, outro dia, de forma totalmente diferente. Nossas sensações de afastamento entre os dedos também se modificam. Mesmo supondo que se chegue a trabalhar durante vários anos com as mesmas sensações musculares fundamentais, um belo dia, tudo muda, os efeitos não são mais os mesmos.

Inumeráveis vozes se arruínam a cada ano, porque os professores de canto despertam em seus alunos uma certa sensibilidade orgânica, cuja natureza muda a cada professor. A experiência é fácil de se fazer. Tente-se cantar, por exemplo, abrindo ao máximo a cavidade bucal e faríngica. No início, isso pode dar bons resultados que, podem igualmente persistir durante vários anos. Mas, pouco a pouco, o sentimento desse gesto, que ajuda a produzir os mais belos sons, se embota. Se quisermos manter sua vivacidade, somos obrigados a esticar mais e mais nossos músculos. O resultado é que os cantores, que se habituam a abrir amplamente a cavidade bucal e faríngea ao cantar, chegam a comprimi-la muito mais que no início de seus estudos, de tanto pôr os músculos cada dia um pouco mais tensos. Pode-se fazer a mesma observação para a sensibilidade do afastamento entre os dedos. Diz-se que "os sentidos se embotam"; o que não é exato, pelo menos enquanto o homem gozar de boa saúde; é simplesmente a impressão psíquica que cai no esquecimento ou se transforma. E se, a partir desse momento, aferrarmo-nos ao conceito intelectual de nossa sensação, acabaremos sempre por fazer o contrário do que queríamos. O problema é o mesmo no tocante à flexibilidade do aparelho muscular. No início, os exercícios de relaxamento dão os melhores resultados, mas ao cabo de apenas alguns anos, provocam crispações piores do que as que se propunham suprimir.

Não chegamos ainda ao fim de nossa digressão. Compreender-se-á melhor agora que eu diga: eu não creio numa excitação dos sentidos. Pessoalmente, nunca experimentei nenhuma. *Percebo — com todos meus sentidos — aquilo a que reajo psiquicamente, por hábito ou intencionalmente.* Eis o que posso submeter a exercício, aquilo no que devo exercitar-me. Nada é mais importante do que adquirir, nesse terreno, a arte e a virtuosidade da transformação. Para o exercício de uma arte, como para toda a destreza corporal de maneira geral, é inteiramente secundário encontrar primeiro a definição abstrata do mecanismo psíquico que os comanda.

"Compreender" é um ato pessoal de concretização. Vale dizer que, graças à nossa faculdade de definição, de formulação, de constatação, chegamos a dar um nome ao mecanismo psíquico, a formulá-lo, a defini-lo; entre os gregos, a idéia se chamava "forma". A inteligência propriamente dita *dá uma forma* à vida psíquica com a ajuda de imagens do mundo exterior; é um órgão de manifestação enquanto a vida psíquica é a própria fonte do ato que a inteligência define. A inteligência exprime o ato sensível, a vida psíquica lhe dá seu sentido. O sentido de um conceito não pode ser compreendido, mas apenas sentido.

O que chamamos de visão e ouvido interiores é a reprodução do mundo exterior perceptível em nossa própria inteligência. Conheço mais de um bom músico que declara não saber o que as pessoas entendem por ouvido interior, acrescentando nunca ouvir interiormente os sons mas simplesmente experimentar sensações no conjunto do corpo. Voltaremos a esse ponto.

Recordemo-nos da eidética; essa teoria formulada pelos sábios de Marburgo constata que existem homens que, após uma rápida olhada numa quantidade de impressões visuais, vêem-nas reproduzidas de tal maneira interiormente que são capazes de descrevê-las nos mínimos detalhes. É-me impossível aqui deter-me longamente nessas coisas. Basta dizer que todos os eidéticos, quer dizer, todos os homens providos dessa faculdade, são intelectualistas. Do mesmo modo, os homens que podem reproduzir neles mesmos sons ou ainda trechos completos, como se os ouvissem — trata-se, com freqüência, de amadores e raramente de músicos profissionais — são sempre aqueles que pouca atenção dão à sua vida psíquica e muita atenção, pelo contrário, às definições intelectuais que dela resultam. A faculdade de definir, de formular, não deve ser subestimada pois é ela que fornece os indícios, quer dizer, os pontos de referência. No entanto, o ser dotado passa bem sem ela, enquanto os indícios, sozinhos, não podem ser de nenhuma utilidade em nossa atividade.

Se voltarmos agora à criança, ao bebê em seu berço, compreenderemos a agitação permanente de seus olhos que, aliás, nem todos os bebês apresentam, sobretudo da mesma maneira e durante um tempo de igual duração. Esta última observação é tão e de tal modo importante que é a mais freqüentemente negligenciada. Em geral, as reações psíquicas da criança se desenvolvem sem nenhum constrangimento. O bebê vê demasiado por não poder se fixar em nada. O que é válido para todos os sentidos da criança. Diz-se que é indiferente dar um tiro de canhão ou deixar que um inseto zumba diante de um bebê recém-nascido. Conforme minhas experiências não é de nenhum modo indiferente. Pelo contrário, *as primeiras impressões são as mais importantes.* Segundo nossas investigações, o gênero e a qualidade dessas impressões transparecem e se deixam definir até na idade mais avançada. Quando se as repete com conhecimento de causa, agem de maneira decisiva sobre a atividade do homem, sobre a direção que toma sua vida. Só em parte é verdade que as impressões sejam adquiridas mais tarde. As preferências manifestadas pelo bebê no domínio do olfato e do paladar, assim como suas primeiras reações sentimentais, fundam-se igualmente sobre suas primeiras experiências neste mundo. O tom com o qual a mãe e a babá, assim como os outros habitantes da casa, falam na presença do recém-nascido, seu comportamento em geral, agem de maneira decisiva sobre suas aptidões futuras. Várias vezes repeti a seguinte experiência, mais simples de realizar antes da primeira guerra mundial porque então as facilidades materiais eram maiores do que hoje: durante dois meses mais ou menos, fazia mudar de babá sistematicamente a cada oito dias. Depois, a partir do terceiro mês, fazia retornar cada uma das babás para passar um dia com o bebê, que a reconhecia imediatamente. Com cada uma de suas babás, a começar pela primeira, o bebê sabia exatamente o que fazer: com esta, é preciso estar agitado; com aquela, calmo, com a outra, devo gemer, com esta, gritar, com esta, agitar as mãos, com aquela, os pés e, quando a vovó chega, lançar gritos de alegria. É suficiente uma semana para que o nenê conheça a babá de cada dia e saiba como deve se comportar para dela obter tudo o que desejar.

Depois, dediquei-me a uma outra série de experiências. Habitualmente não se presta atenção senão às mãos das crianças. Não se brinca senão com suas mãos e logo se lhes dão brinquedos. No entanto, sabia por experiência que as mãos e os braços funcionam bem melhor num homem quanto mais adestrado estiver em suas pernas. Observei primeiro nos organistas que, em média, avançam mais rápido no plano técnico do que os pianistas. Coloquei então um pedal de órgão sob os pés de pianistas, fazendo com que sistematicamente tocassem mais com os pés do que com as mãos. De repente, uma quantidade de inépcias manuais desapareceram como que por encanto. Visitei diariamente meus bebês e os fiz fazerem, desde o primeiro dia, exercícios com os pés. Por outro lado, não outorgo nenhum valor à habitual ginástica para bebês. Por justa que seja em princípio, minha experiência mostrou que se parte sempre, na aplicação, de premissas falsas. Tomava os pequenos pés em minhas mãos e os fazia efetuar todo tipo de movimento nas pernas, cantando ou falando ritmicamente. Das mãos sequer me ocupei e não dava nenhuma importância ao fato de que as crianças tivessem o quanto antes algo para agarrar.

Basta um pouco de espírito de observação para se dar conta do momento em que a criança não mais se interessa por aquilo que se lhe faz fazer. É preciso então interromper e recomeçar depois de algum tempo. Nada me pareceu mais perigoso do que ocupar-se de uma criança além do lapso de tempo durante o qual ela podia prestar atenção, mesmo se esse lapso de tempo fosse muito breve. É suficiente fazer uma pausa e aguardar o momento a partir do qual a criança participa de novo do jogo, plena de animação e alegria. Nunca vi uma criança dar mostras de tanta alegria, batendo as mãos ou fazendo qualquer outro gesto do mesmo tipo, do que quando a fazia executar exercícios com os pés. Pelo contato com artistas sabia até que ponto todo exagero entrava o progresso e o quanto é importante, ao contrário, a repetição, centenas de vezes. A criança se regozija enquanto *re*conhece.

Exercitar os membros é o que menos me preocupa porque atribuo a essa ginástica pouca ou nenhuma importância. O que queria era proporcionar prazer à criança, suscitar-lhe sensações agradáveis, fazer brotar-lhe sentimentos de alegria. Evitava "treinar", adestrá-la e não me ocupava absolutamente dos resultados que obtinha. A obsessão do "resultado", do efeito, é um vício perigoso de muitos pais e educadores.

Fazia executar os exercícios em diferentes *"tempi."* A mudança de *tempo,* concebida sistematicamente, constitui premissa fundamental para a capacidade de distinguir os *"tempi"* e de se manter em um *tempo* dado. Portanto, conduzia todos os dias certos movimentos fundamentais, uma perna para o ar, a outra sobre a caminha e vice-versa, ou ainda todas as duas no ar ou as duas viradas para o mesmo lado e, em seguida, para o lado oposto. Para começar, imprimia a todos os movimentos *a forma original da mudança de tempo.* Essa forma consiste em fazer entrar no interior um número maior ou menor de pulsações de duração definida através de uma pulsação fundamental que permanece imutável; é isso que provoca no ouvinte a impressão de *tempi* de velocidades diferentes. Fica claro que, é indispensável que como experimentador, sinta eu mesmo estas mudanças de *tempo continuamente,* como uma consciência sempre aguda, constantemente desperta; essa é a própria condição para que as mudanças impressionem a criança (e mais tarde, o ouvinte adulto no qual irá se tornar).

A divisão de uma unidade maior em pulsações de quantidade diferente não pode no entanto agir sobre os movimentos de meus membros (de início independentes, mais tarde aplicados a um instrumento de música) a menos que tenha aprendido, ou melhor, reaprendido a não influenciar minhas funções musculares mas a deixá-las seguir sem entraves os movimentos de meu espírito. Se eu mesmo estiver habituado a deixar meus membros fazerem o que meu sentimento lhes dita, então a criança perceberá todas as diferenças com maior acuidade. Repeti minhas experiências num tempo mais lento e mais rápido. No conjunto, entretanto, não podia me afastar de um *tempo* médio que correspondia mais à sensibilidade do bebê.

Indicava o compasso falando ou cantando, sem necessariamente empregar de imediato palavras. O espírito da criança está de tal modo desperto que ela se interessa por tudo. Ela possui também aquilo que não é senão o apanágio do artista completamente formado, a saber, a faculdade de percepção extremamente vivaz para as pequenas coisas, para as ínfimas nuanças. Utilizava simplesmente as vogais em sua sucessão habitual (em alemão: a, e, i, o, u, ö, ü, ä, au, eu, ei) fazendo-as preceder, cada vez que terminava uma série completa, de uma consoante nova, simples de início, composta em seguida, formando assim, de preferência, sílabas inexistentes na língua (porque as outras sílabas a criança teria muitas ocasiões de ouvir mais tarde) e, finalmente, colocava as consoantes depois das vogais em vez de colocá-las antes. Dessa maneira, dispunha de uma inesgotável variedade de meios para indicar um *tempo* conforme suas pulsações fundamentais. Mantinha a prática desse exercício durante todo o tempo necessário (a esse respeito, ver o capítulo seguinte). Utilizava igualmente as sílabas para indicar as divisões do *tempo* fundamental. As sílabas fonéticas constituem a melhor, como digo, a indispensável preparação para a apreensão das palavras da língua e para um precoce adestramento na fala. Esse adestramento pode constituir um saldo precioso para a exatidão do espírito de observação. Dava minha preferência aos compassos de 5 e 7 tempos, e certamente ao compasso de 3 tempos sobre o de 2.

Mesmo a mãe que não saiba cantar será capaz de entoar sons nos limites de uma quarta ou de uma quinta. Cantar perfeitamente não é absolutamente necessário nesse caso. Exceder esses limites será mesmo, para começar, um mal (ver em meu livro *Harmonie scientifique de l'artiste,* t. I, Berlim, 1932, as razões dessa afirmação fundada sobre o estudo dos intervalos). Pode-se repetir indefinidamente uma melodia infantil muito simples, que não exceda cinco notas. Pode-se cantar a mesma sílaba em cada nota, com a condição de mudá-la todos os dias. Mais tarde, pode-se mudar de sílaba cada vez que se recomeça a melodia.

Penso ser completamente inútil dispor de uma grande extensão vocal para cantar estar pequenas canções ou não importa qual seqüência de sons. Devo sublinhar que é extremamente importante que as crianças possam ouvir estes sons em timbres diferentes. O pai deve pois, por seu lado, se esforçar para cantar os mesmos sons; se consegue assobiá-los, melhor ainda. Além disso, é preciso tocar a mesma melodia no piano, em todas as oitavas. O pai poderá servir de acompanhante.

Esses exercícios e outros semelhantes permitiram-me não somente manter as reações psíquicas naturais dos bebês, mas também intensificá-las. Todo bom observador sabe que as crianças nunca realizam as promessas da primeira infância. As faculdades que trazem consigo ao nascer pouco a pouco desaparecem por falta de solicitação através de treinamento: eis um fato de observação corrente. Diria, para exprimir todo meu pensamento, que não se nasce medíocre; torna-se.

No curso de minhas experiências, esforcei-me para evitar aos bebês toda impressão unilateral. Com efeito, a criança sabe também alguma coisa sobre relações, sobre as correspondências dos sentidos entre si. Suas possibilidades psíquicas estão intatas; tudo impressiona um bebê e como este é incapaz de abstrair intelectualmente suas impressões, não se dá conta das fronteiras que separam os diferentes domínios sensoriais.

Posso afirmar que todas minhas experiências sem exceção, provaram que o fato de se ocupar de uma criança desperta nunca é prejudicial mas, pelo contrário, traz imensas vantagens. Tornou-se hábito isolar as crianças, encerrá-las mesmo num quarto escuro onde nenhum som penetre, por medo de torná-las nervosas. Nunca ouvi dizer que os filhos de um artesão, de uma pessoa que trabalha em casa, fossem particularmente nervosos. A criança, pelo contrário, tira proveito dos ruídos que ouve ao seu redor, quer sejam provocados pelo tear do tecelão, a bigorna do ferreiro, a serra ou o martelo do carpinteiro. Insisto sempre que as crianças devam ser admitidas desde o primeiro dia de sua existência a participar da vida familiar.

Onde meus conselhos foram seguidos, os resultados sempre foram excelentes. Meu sistema apresenta inconvenientes somente para os adultos. É evidentemente muito mais incômodo ter o bebê durante todo o dia perto de si do que isolá-lo durante horas, às vezes o dia inteiro, em um quarto afastado. Meus exercícios de sons e de sílabas podem, por si sós, ser de grande ajuda; mas é igualmente de grande utilidade e de grande eficácia dar à criança a possibilidade de ouvir seus pais falarem, de vê-los se ocuparem dos trabalhos cotidianos da casa. Acredito que o velho costume de contar histórias de fadas e cantar canções às crianças, que se perdeu em nossa época, era excelente: não somente despertava seu interesse por noções, idéias, mas sobretudo despertava sua curiosidade, sua alegria, seu entusiasmo por tudo aquilo que fosse impressão sensorial pura, pelos sons e pelos timbres.

Amiúde ouve-se dizer que a natureza das impressões provocadas na criança pouco lhe importa. É verdade e, além disso, ótimo: a criança não se interessa de início senão pela sucessão variada e matizada de detalhes, sejam quais foram. *As impressões e os interesses dos adultos são os fenômenos e os resultados complexos dos quais a criança deve inicialmente conhecer os componentes.*

Quero recordar um fato, em grande parte incompreensível para os adultos, a saber: as crianças quase sempre utilizam seus brinquedos para algo distinto daquilo ao qual foram destinados segundo sua natureza e opinião que os adultos deles fazem. É completamente errôneo desprezar a criança por essa razão ou considerar simplesmente seu comportamento como sendo "infantil". Somente os adultos podem ser infantis. A criança observa os fenômenos tornados totalmente inconscientes aos adultos mas que constituem para estes nada mais do que as premissas indispensáveis às suas próprias observações. O ato da criança é científico: primeiro ela estuda os elementos constitutivos daquilo que se lhe apresenta. Para começar, reage aos fenômenos isolados antes de estabelecer relações entre eles.

Se os adultos não chegam a nada ou apenas atingem resultados medíocres em muitos domínios, isso se deve unicamente ao fato de que enquanto crianças não foram muito longe e nem a fundo no estudo destes fenômenos isolados, destes elementos constitutivos. Fazer progresso é, essencialmente, recomeçar pelo começo, quer dizer, retomar o que se omitiu de fazer quando criança. Não é absolutamente sinal de inferioridade ocupar-se dos fundamentos de uma profissão que se decidiu abraçar.

É um grave erro esperar que muito cedo a criança tenha reações de adulto ou, pior ainda, tentar provocá-las por meios coercitivos ou artificiais. Isso impedirá sua evolução normal, que deve começar pela aquisição dos elementos de base os quais lhe servirão mais tarde na vida. Sem sua posse completa, não chegará nunca a estar apta para a vida e suas exigências, nem a elevar-se ao nível no qual os problemas que se colocam aos adultos podem ser dominados.

No tocante aos nossos exercícios, será preciso nunca esquecer as condições primeiras de seu êxito, a saber, a variação na sucessão de sons e a alternância dos timbres masculino e feminino na palavra e no canto. Recordo-me ainda do tempo em que se começou a rejeitar nas escolas o antigo método de aprendizagem de leitura que consistia em soletrar cada palavra. O descrédito deste método suscitou em mim sentimentos de benevolência. Em si, era excelente; se os efeitos resultavam nulos é porque sua aplicação se fazia de forma muito superficial e até falsa. Como a criança poderia se interessar pela decomposição de uma palavra em letras, se antes não fosse capaz de compreender, instantaneamente, o que é uma letra, de conceber a existência de letras isoladas, de enfim reconhecê-las. Para a criança, as palavras que nos ouve pronunciar são símbolos, a representação de um todo e ela as escuta como um todo. Dissociar ulteriormente o todo em seus elementos, que a criança não conhece, é evidentemente impossível. Meus estudantes-miniatura tornaram-se excelentes observadores, excelentes rítmicos, excelentes falantes, mostrando todas as faculdades motoras e técnicas bem desenvolvidas.

Os exercícios com as pernas descritos há pouco tiveram naturalmente por resultado aumentar a destreza manual das crianças e acelerar sua aquisição, uma vez que aprenderam a se manter em pé e caminhar — isso que, diga-se de passagem, não deve jamais ser fruto de coação ou de treinamento forçado, mas simplesmente de uma evolução natural. Outrossim, como pode ter-se imaginado, não me contentei em brincar só com as pernas, mas também com os dedos. Certo dia tive oportunidade de falar a professores de educação física sobre o fato de que nossos dedos dos pés sempre se mexem quando mexemos os dedos das mãos. Fizeram-me saber, com um sorriso ligeiramente desdenhoso, que isso constituía uma reação primária que conviria vencer, superar, e que a educação física moderna, como, por exemplo, a ginástica sueca, tendia a eliminar semelhantes fenômenos. Como se não se devesse primeiro afinar as reações naturais ao extremo antes de superá-las e chegar à independência completa de cada membro.

Fiz igualmente toda uma outra série de experiências. Deitemos um adulto num pequeno quarto ou num leito com baldaquim de onde ele terá para toda visão apenas um pedaço de parede; logo se sentirá como numa prisão. Ora, durante meses e meses, o bebê vê apenas o mesmo triângulo a seus pés. Não é de se surpreender que a inteligência e a sensibilidade de nossas crianças baixem de ano para ano.

Comecei por mudar diariamente o cortinado da caminha, escolhendo cada dia uma cor diferente. Dessa forma, notar-se-á rapidamente que a criança prefere certas cores. Se mais tarde se lhe mostrar de novo as cores menos apreciadas, constatar-se-á que a criança, segundo seu estado físico ou psíquico, não tolera determinadas cores e também preferirá cores antes detestadas, em caso de mudança de seu estado psíquico. Cuidei igualmente que o cortinado fosse sempre transparente e o quarto iluminado durante o dia. É o melhor meio para habituar bem cedo a criança ao dia e a noite e evitar que não moleste com freqüência os pais durante a noite.

Se goza de boa saúde, a criança dorme perfeitamente à luz do dia, assim como com o quarto cheio de pessoas e com ruído.

Não acredito na afirmação segundo a qual dormimos para que o corpo possa recuperar as forças, como se ele não pudesse suportar mais longamente a vigília. Isso é tão falso que em caso de excesso de fadiga não conseguimos dormir, precisando primeiro repousar um pouco, recuperar de algum modo as forças antes de poder verdadeiramente adormecer.

É fato conhecido que nosso ser igualmente trabalha à noite, durante o sono. Os criativos o sabem; se nos colocamos uma questão à noite, na manhã seguinte temos a resposta. O livro que o escolar põe à noite sob seu travesseiro é desprovido de sentido e realidade se, ao dormir, esquece de se preocupar com aquilo que o livro deve lhe ensinar. Estamos convictos de que a consciência do sono é tão importante quanto a do estado de vigília. Além disso, trata-se de conceitos extremamente elásticos: existem pessoas que se imaginam estar sempre despertas.

Ao cabo de algum tempo, convém mudar a consciência do estado de vigília para a do sono, a fim de que cada uma possa se exercer por sua vez. O adulto dorme quando suas reações psíquicas param de funcionar por si mesmas ou quando as consegue deter. A criança não dorme, mostrando nervosismo quando é contrariada, quando suas reações psíquicas, tão necessárias para sua expansão vital, são impedidas de seguir seu curso normal. É verdade que a criança pode também dormir de aborrecimento.

Por essa razão sempre fazia com que a porção de parede e de teto visíveis à criança a partir do berço apresentassem uma variedade tão grande quanto possível: variedade de cores, de formas, de linhas, de curvas. Infelizmente, não aconselho para esse fim o emprego de obras de arte moderna ou, ao contrário, obras pertencentes a civilizações antigas e desaparecidas; nos dois casos o resultado seria o mesmo e certamente desfavorável. Ainda que desprezassem as formas românticas e clássicas de arte ou, dito de outro modo, as aparências naturais do homem, do animal, da planta e dos objetos, os educadores e os pais deveriam resignar-se a apresentar de início o mundo que cerca as crianças tal qual ele é ou, ao menos, a lhes dar uma imagem a mais próxima possível da realidade. Apenas aquilo que a criança acolhe em si enquanto bebê pelo canal de todos os órgãos dos sentidos, sem ser afetada em sua vida psíquica e em sua sensibilidade, é que poderá constituir mais tarde base suficiente para sua capacidade de percepção e alimento para toda a sua vida.

Não se pode aquilatar até que ponto os adultos são perigosos às crianças. Toda as insuficiências dos adultos que se ocupam da criança, como limitação intelectual, estreiteza de visão, defeitos da sensibilidade, falta de vontade nela repercutem no sentido de restringir suas experiências. Logo, é preciso não se enganar: *a criança está mais atenta no momento em que se pensa que ela não presta nenhuma atenção.* Ela se desvia mais rapidamente de uma impressão quanto mais profunda esta tenha sido. *É nesse momento* que reage interiormente àquilo que vem feri-la. Essa espécie de pausa é importante, não devendo ser confundida com falta de interesse. Por outro lado, os adultos agem da mesma maneira: também se desviam instintivamente do mundo exterior após terem recebido uma impressão extremamente viva e profunda... Aquele que sabe, que é consciente do fato de que o chamado vazio nas reações e no pensamento, essa aparente imobilidade interior, corresponde na realidade ao momento em que a nova impressão se funde na vida interior para se tornar então parte integrante e constituinte, possuirá as qualidades do gênio. É em tais momentos que um verdadeiro nascimento se produz no interior do ser, que uma nova concepção, uma nova convicção nele se estabelece. Pode-se comunicar a uma criança durante semanas e até mesmo meses, determinadas impressões, o ruído feito por uma máquina de costurar, o canto de um canário, imaginando-se que ela não reagirá em absoluto diante dessas impressões. No entanto, anos mais tarde, vê-se que o contrário era verdadeiro. Uma das condições do êxito é, entretanto, a mudança freqüente, a variedade das impressões.

O único meio de chegar a precisar, a definir, a objetivar nossas impressões, é ter *em nós mesmos* possibilidades de comparação. *É-nos impossível comparar aquilo que nos é exterior com outra coisa que nos é igualmente exterior, a menos que tenhamos já reagido a impressões idênticas em nossa idade mais tenra.*

Quais serão as possibilidades de comparação do bebê no tocante à música? No melhor dos casos, a mãe só toca ao piano o que ela gosta ou o que ela pensa que "só seja aquilo" que a criança compreende. Sou evidentemente partidário de comunicar à criança certas impressões fundamentais no momento dos exercícios descritos anteriormente; dito isso, tenho a certeza de que a criança deve poder ouvir, durante o dia, absolutamente *tudo* em matéria de música. O que é, em nossos dias, na época do rádio, inteiramente possível.

Segundo meus conhecimentos, tais experiências com bebês nunca foram tentadas sistematicamente. Sempre e em todo lugar partiu-se do princípio de que "os órgãos dos sentidos" começam a funcionar pouco a pouco e lentamente. Sei muito bem que a minha concepção da mobilidade psíquica provocada pelas multiplicidade e variedade das percepções é aceita apenas como hipótese enquanto minhas experiências não sejam exatamente repetidas. O que não é razão para não utilizá-las como ponto de vista de partida: os resultados se revelarão brilhantes. Entretanto, é claro que na educação musical será preciso começar pelo essencial e não pelo acessório. Explico: por aquilo que é mais difícil de penetrar em matéria de música, pelo que é mais difícil de conceber como totalidade, como conjunto. O que é mais fácil de formar é o ouvido. O que é mais difícil é desenvolver o sentido de *tempo* e de ritmo até que a criança chegue a reter, a apreender os liames, as relações entre os fenômenos isolados. É por isso que sempre começo pelos exercícios de ritmo e de *tempo,* fazendo as crianças mexerem as pernas como descrevi há pouco.

Nessa matéria, algo fundamental deve ainda ser salientado, uma proposição de princípio que merece ser lembrada e que valerá igualmente para os capítulos seguintes, ou seja: ninguém saberia acrescentar mais comprimento ao seu palmo. Esse provérbio expressa uma verdade psicológica essencial. *Desenvolver faculdades quer dizer unicamente revelá-las e não pode significar outra coisa.* "*Educere*" significa "extrair". Não nos esqueçamos que as faculdades humanas possuem tendência permanente e sempre crescente para o adormecimento; isso basta para nos fazer compreender que a tarefa da educação e também da auto-educação não consiste em nada que não seja precisamente o seguinte: despertar o mais rápido e energicamente possível as possibilidades e as faculdades adormecidas dentro de si. O que é viável obter nesse domínio parece a princípio inverossímil, excedendo todas as esperanças.

Recordemo-nos por um instante do extraordinário desenvolvimento, — serei tentado a dizer o desenvolvimento ultra-rápido — dos grandes homens. Aqueles que obtiveram êxitos máximos em suas atividades, os verdadeiros grandes homens, não são os generosamente dotados na origem, eis uma verdade calcada na experiência (ver a esse respeito, o capítulo II), mas os que sofreram na origem terríveis insuficiências e se viram forçados desde a mais tenra idade a adquirir tudo, absolutamente tudo, pelo trabalho. Esses homens são providos desde o início de uma indomável faculdade de busca, do despertar de si e raramente de outra coisa. Basta comparar ao que chega habitualmente o homem médio na vida com aquilo a que chega o chamado de genial. Todos os chamados "gênios" na realidade não o são, assim como todo "artista" não é um artista, como todo "homem" não é um homem — isto é, verdadeiros gênios, verdadeiros artistas e, de maneira global, homens eminentes cujo êxito foi brilhante. O que tais homens atingem na vida, em geral muito curta, é tão considerável, tão grande que se é evidentemente tentado, desde o início, a imaginar que se trata de dons inatos extraordinários.

Opino, enriquecido por uma experiência psicopedagógica de cinqüenta anos, mais ainda, de cinqüenta e cinco anos e afirmo que os homens que realizaram coisas verdadeiramente excepcionais conseguiram-no porque procederam de modo mais exato, mais eficaz que os outros. Daí meu princípio: o que se aprende lentamente, aprende-se mal. Nietzsche disse: quanto mais se esquece alguma coisa, melhor se a aprende. A esse respeito outra frase também deve ser citada: o que se sabe desde o início, jamais se aprende. É fato conhecido que todos os grandes pintores sofreram de doenças dos olhos mais ou menos graves. Músicos maiores pareciam não ter qualquer disposição para a música em sua juventude. A grande dançarina Taglioni era completamente mal feita de corpo, possuindo inclusive uma corcova. Todos os cantores esganiçaram no berço exatamente como aqueles que nunca se tornaram cantores.

Fiquemos, por exemplo, na presença de uma pessoa com um senso rítmico extremamente sutil. Verificaremos que o adquiriu mediante esforços muito penosos e que no início lhe faltava todo "dom" nesse sentido. Quando, sob certo aspecto, o indivíduo é excepcionalmente dotado, constatar-se-á que ele foi obrigado a adquirir todo o necessário para o desenvolvimento de seu dom à custa de lutas ainda mais penosas. Mas isso todos ignoram. Não é preciso dizê-lo pois, quando as pessoas ouvem falar em esforço, automaticamente subestimam o êxito artístico.

O saber e somente o saber é considerado hoje como o fruto de um esforço. Mas na realidade *tudo* é resultado de esforços, e o que não foi adquirido às custas de esforços, não se possui verdadeiramente. Goethe disse: "O que herdaste de teus pais, adquira-o para possuí-lo."

Educar é, portanto, despertar. Se adotarmos esse ponto de vista, compreenderemos que a ação de despertar nunca é empreendimento prematuro, sendo indispensável entregar-se sistematicamente a ela desde os primeiros anos de vida, a fim de que a criança, mais tarde, veja-a como uma tendência natural de seu ser e dela faça uma faculdade permanente.

Será preciso acompanhar por vários anos seguidos a educação de um ser humano e de maneira exclusiva, evitando toda a influência estranha que contrariaria o sistema aplicado, antes de poder dizer quais serão suas capacidades. Os testes psicotécnicos permitem evidentemente descobrir como um indivíduo reage em determinado momento, como *é* nesse momento preciso; mas tais exames com tempo limitado, assim como os esforços de orientação profissional sob a forma de interrogatórios ou de entrevistas de aconselhamento, não podem ajudar a estabelecer o que verdadeiramente esse indivíduo dará no futuro, em que se tornará. Os grandes homens em geral foram maus alunos. O aluno, forte numa matéria, também nunca deu grande coisa. Pode-se afirmar sem rodeios: "uma disposição" é o que foi "disposto" em nós durante nossa juventude por meio de reações psíquicas; um "dom", é o que o mundo exterior nos "deu" porque estávamos abertos, preparados para acolhê-lo. As únicas reservas a essa proposição encontrar-se-ão encerradas no capítulo seguinte.

O bebê é o antepassado do adulto. Ora, não somente toma-se, de maneira geral, o bebê por um ser limitado e inferior em relação ao adulto de quem, pelo contrário, se admiram os magníficos "progressos" e os êxitos, como também tenho a impressão de que os sistemas de educação e as medidas adotadas com respeito à criança não tendem senão para um objetivo: frear e frustrar suas possibilidades de desenvolvimento. Seja como for, não vejo em lugar nenhum medidas positivas em matéria de educação. É verdade que não se poderá reconhecer a eficácia de tais medidas e nem pô-las em prática senão no dia em que se decidir pela conclusão lógica do fato evidente de que o homem não pode exteriorizar mais do que leva dentro de si. Mas, como o bebê não possui ainda os meios de expressão dos adultos, é-nos interdito negar *a priori* suas possibilidades em determinado domínio.

A especialização científica leva os especialistas puros à impossibilidade de lançarem uma olhada por cima do muro que circunda seu domínio. O resultado é uma falta total de lógica justamente entre aqueles que fazem da lógica um de seus primeiros imperativos. Reina a convicção de que o ser humano não pode chegar a coisa alguma num certo campo a menos que tenha disposições inatas e suficientes para então obter êxito. Por outro lado, considera-se o bebê como uma espécie de pequeno animal que não pode se tornar homem senão mais tarde, lenta e artificialmente. Dado que só os homens superiores se exercitam na arte de despertar em si mesmos faculdades que de início lhes faltavam, o sábio médio imagina que sua própria situação é a da humanidade em geral, quer dizer que o que não "funciona" só, não existe, ponto. É tudo e não há nada a fazer para remediá-lo.

Para nós, o bebê é de certo modo o deus do adulto, quer dizer, encarna as capacidades daquele em seu estado mais puro, mais resistente. Aprendi com muito interesse, há alguns anos, que esse é o modo de ver do Oriente há milênios. Lá se afirma que o homem não pode se realizar sem reestabelecer em si mesmo o seu estado no momento do nascimento. Não sei se o grande conhecedor de homens que disse "se não chegarem a ser como as crianças..." não considerava do mesmo modo esse aspecto da questão.

CAPÍTULO II

HEREDITARIEDADE E EDUCAÇÃO PRÉ-NATAL

Uma das leis fundamentais da ciência da hereditariedade, ainda hoje admitida, é a seguinte: "As impressões adquiridas pelo indivíduo não se transmitem." Essa lei foi formulada por Semon (em *Die Mnéme*), o fundador da moderna ciência da hereditariedade.

Construir sobre essa lei uma ciência da hereditariedade é para mim incompreensível, pois que impressões não são "adquiridas pelo indivíduo"? Existem impressões que não podem ser adquiridas pelo indivíduo?

Não podemos afirmar que o homem é apenas o produto final de toda a sua série de antepassados e tampouco dizer que não existe herança fora dos caracteres humanos gerais. A segunda afirmação, como a primeira, dará do recém-nascido uma imagem inteiramente diferente da que conhecemos. A verdade não reside, como de costume, nem na tese nem na antítese mas no "terceiro termo" excluído do debate. A originalidade individual de cada recém-nascido é incontestável; por outro lado, a hipótese da responsabilidade pessoal de cada ser humano vindo ao mundo deve ser igualmente admitida.

Baseemo-nos nas experiências que o homem pode fazer sobre si mesmo no decurso de sua vida. É fato de observação freqüente que se pode muito bem perder completamente certas faculdades, assim como adquirir outras diferentes, cujo aparecimento ninguém, nem mesmo o interessado, poderia supor. Isso é tão verdadeiro que seria muito pouco falar simplesmente do enfraquecimento ou do reforço de certas disposições.

É o momento de abordar as várias séries de experiências feitas com adultos de pelo menos 50 anos. No decorrer delas, conseguimos modificar de tal maneira tendências existentes que de negativas se transformaram em positivas. Os êxitos foram tão numerosos, os resultados obtidos com um tal coeficiente de certeza preliminar, que se pode tranqüilamente generalizar a lição oriunda dessas experiências. Quanto à transformação de tendências positivas em negativas, é um fenômeno conhecido de todos. Sabemos que as virtudes podem se transformar em vícios, que os excessos de um hábito, originalmente útil à vida, na verdade sustentáculo de toda a nossa organização vital, podem fazê-la degenerar num constrangimento que pesará sobre a idade madura, sobre a velhice, contribuindo para uma decadência geral das mais rápidas.

Efetuamos outras experiências com doentes, físicos ou mentais... Podemos estar doentes, fracos, moribundos e manter o espírito claro e vigoroso. Pense-se no martírio de Henri Heine, preso durante quase dez anos como um cadáver vivo, no mais apavorante sofrimento, no "túmulo de seu colchão" e que, em plena posse de todas as suas forças espirituais até o momento de sua morte, conseguiu abrir, nos últimos anos de sua vida, um novo mundo de idéias à poesia e compondo então suas melhores obras.

As pessoas de idade podem confirmar que interiormente não se envelhece. Alguma coisa em nós permanece sempre jovem, algo eternamente semelhante a si mesmo. Os homens mais notáveis atingiram no caminho da morte uma perfeição interior em total oposição ao envelhecimento do corpo.

Uma vez que a pessoa de idade tenha se despojado de tudo o que possuía de mutável em si, reconhecerá como sua única faculdade permanente a de *ser consciente*. Não falo aqui da faculdade de ser consciente em determinado domínio, mas da faculdade de dirigir a consciência não importa em que direção. É, além disso, o reconhecimento desse fato que guiou os homens antes de mais nada, melhor ainda, que os guiou de maneira absoluta para a idéia da vida eterna. São tais observações que inspiraram aos grandes espíritos a idéia da responsabilidade pessoal absoluta, a idéia que as massas concretizaram no pensamento da reencarnação ou da hereditariedade.

A importância desse problema em nossa época e, particularmente, em nossos pensadores, é precisamente demonstrada pela edificação de uma teoria da hereditariedade. É exato que, numa mesma série hereditária, certas qualidades características reaparecem; entretanto, as qualidades características de um indivíduo não provêm apenas de um único e mesmo ascendente; pode-se dizer ao contrário que cada qualidade é devida a um ascendente diferente. Em conseqüência, as qualidades devem ter algo de geralmente válido e não podem em nenhum caso apresentar algo de individualmente válido.

É muito difícil chegar a uma solução satisfatória a todos esses problemas pois é evidente que ao lado dos caracteres devidos à hereditariedade, a consciência própria do indivíduo é ativa e atua desde antes de seu nascimento. As mães de várias crianças sabem e confirmarão que cada uma delas se comporta de maneira diferente no seio e que, em suma, a criança exerce sobre a mãe uma pressão muito maior do que ela poderia exercer sobre a criança. As pesquisas nesse campo deveriam igualmente apelar às experiências de natureza artística. O verdadeiro artista — isso é particularmente verdadeiro no domínio do teatro — é capaz de se transformar de maneira tão completa que não será reconhecido; não somente pode parecer fisicamente muito maior ou menor do que é na realidade e só por esse fato parecer ser qualquer outro que não ele próprio, *torna-se* qualquer outro que não ele mesmo em sua essência. Basta olhar, por exemplo, as fotografias de Caruso em seus diferentes trajes e colocar-se na pele do espectador que o viu em cena. Caruso é o melhor ator que conheci em minha vida. O artista pode se transportar a tal ponto para um ser diferente do seu, pode construir em si mesmo um ser de tal modo diverso do seu próprio ser, que acabará por assustar-se a si mesmo. É nisso que reside, aliás, o efeito subversivo de toda composição de caráter na arte do teatro. A observação desse gênero de fenômenos, cuja possibilidade é, em geral, reservada às naturezas artísticas, permite que tiremos conclusões importantes sobre o valor das leis da hereditariedade e sobre a questão da responsabilidade pessoal do homem.

É evidente que o homem não pode renascer idêntico a si mesmo várias vezes; evidente simplesmente porque todo ser humano não é, em nenhum caso, ao final de sua vida o mesmo que foi no começo dela. Parece portanto impossível que o homem possa ser unicamente o produto de seus ascendentes.

Se se quiser começar a exploração desse domínio repleto de dificuldades e obstáculos, poder-se-ia dizer de partida que somos filhos de nossos pais porque nós nos parecemos com eles e não que nós lhes parecemos porque somos seus filhos. Podemos acrescentar o seguinte: a consciência de existir tem uma força tal que rechaça absolutamente a idéia de que tenhamos podido não ser, assim como a idéia de que um dia deixaremos de ser. Está claro pois que não se pode jamais ser semelhante a si mesmo, ainda que no curso desta única e breve existência terrestre. É por isso que será preciso chegar antes de mais nada a um conhecimento claro do que é verdadeiramente imutável no ser antes de poder afirmar: sou assim, sou isto, e sobretudo venho dali.

Achei que deveria fazer essas observações pois, sem nisso refletir será impossível falar seriamente da questão da hereditariedade.

É para nós de importância essencial saber se e em que medida somos determinados na origem. Reconhecemos a importância dessa questão pelo fato de que a teoria das aptidões imutáveis tem levado à desvalorização, à morte de toda iniciativa individual. Quem se desse ao trabalho de buscar as razões pelas quais os homens das últimas gerações e, mais ainda, os jovens de hoje, perderam o desejo de trabalhar, de aprender, se dará conta, de maneira irrefutável, que esse estado de coisas não se deve de modo algum à sua incapacidade, mas simplesmente à idéia absoluta da predeterminação da personalidade, que tem como resultado o espantoso declínio do nível geral até o ponto em que se começa a duvidar da possibilidade de manutenção da cultura. Não nos é aconselhado escolher a profissão para o exercício da qual temos aptidões, sublinhando-se que não chegaríamos nunca a nada em qualquer outro terreno?

São muito numerosos os que se colocam questões deste gênero: "por que aprender, para que serve isso?"; "para que passar por todos estes exames penosos?", sem falar daqueles que encolhem os ombros pensando que um dia terão de aprender a escrever, a ler e a calcular; se tivessem ouvido em sua juventude sobre a nova "concepção do mundo", provavelmente diriam: "por que tentar aprender a falar se visivelmente não tenho nenhuma disposição a fazê-lo posto que não aprendi a falar sozinho".

Não se considera toda a gravidade dessa situação com muita seriedade, não se dá conta da extensão e da profundidade do mal. Permitimo-nos enganar pelo fato de que, por simples hábito, por uma espécie de espírito de imitação, de passividade e esnobismo, uma quantidade de faculdades nascem, como por acaso, no homem. Não se percebe que, se não existissem, seriam reconhecidas as qualidades restantes, às quais sempre nos aferramos para nos consolar de todas as insuficiências constatadas, para o que são na realidade: tanto as aparências enganosas, como os projetos de guerra bacteriológica, têm um valor sintomático bem maior ainda, que não se quer reconhecer, e compreender-se-ia enfim que a teoria reinante sobre os dons inatos conduziu-nos muito próximo do abismo, como a sede de brutalidade e de ditadura.

Estamos cada vez mais nos afastando da música, o que é um fato de observação cotidiana e corrente. Se o interesse pela música e seu exercício parece difundir-se de novo entre as jovens gerações, deve-se isso unicamente ao advento do disco e do rádio, que oferecem inumeráveis ocasiões de sedução musical de espíritos. Trata-se de um fenômeno antes de mais nada passivo: a vontade de conhecer e de se aprofundar na música, de procurá-la e de exercê-la de maneira contínua, organizada, ativa, é algo muito diferente.

O mais belo dos dons herdados ou inatos perde-se quando fortes impressões do mundo exterior vêm contrariá-lo. Com maior razão, as tendências naturais fracas ou incertas sofrem o mesmo destino das que foram aprendidas apenas pela metade ou senão muito tarde. Tudo o que é fraco não tarda a perecer. O melhor exemplo a respeito é fornecido pelos fenômenos do envelhecimento que podem surgir muito cedo, antes que sejamos "velhos". Esses fenômenos não são conseqüência de que envelhecemos. Muito pelo contrário, envelhecemos porque tudo o que assimilamos pela metade, tudo o que não tomou posse de nós profundamente e de modo completo nos abandona cedo ou tarde, como se nenhuma das qualidades, das faculdades em causa tivessem feito parte de nós; ficamos sós, vazios de substância, senis.

Um duplo alerta se impõe: seria tão perigoso repelir pura e simplesmente as considerações e as opiniões aqui desenvolvidas como aceitá-las imediatamente e sem reflexão. É preciso, ao contrário, tentar aprender por si mesmo, através do pensamento e da experiência, conhecer o seu grau de verdade. Passamos tempo criando animais e cultivando plantas e árvores. Seria mais útil e interessante aprender a nos *cultivar a nós mesmos*. Estou convencido que isso só é possível a partir dos princípios que acabei de indicar, pois o ponto de vista, unanimemente aceito hoje, torna inútil não só todo aperfeiçoamento de si mesmo, mas até a simples observação de si. Mesmo antes de que se difundissem as teorias atualmente em moda, os resultados dos métodos correntes de educação pareciam terrivelmente ínfimos em relação ao trabalho que demandava sua aplicação. Pessoalmente, não teria com certeza passado minha vida a fazer pesquisas ou, melhor ainda, a me preocupar com as pesquisas dos outros, se não tivesse encontrado os princípios que me permitiram obter resultados máximos com esforços mínimos.

O mínimo que posso solicitar aos leitores é que se perguntem se eles mesmos não prometiam em sua juventude mais do que realizaram posteriormente. Se essa pesquisa os levar a reconhecer que toda uma série de suas possibilidades foi incompletamente explorada, ou não foi em absoluto explorada, poderão então tentar se perguntar se certas faculdades adormecidas de seu espírito não poderiam ser reveladas. Nesse momento reconhecerão por si mesmos o valor das reflexões que lhes ofereço, pois, afinal de contas, não pode existir alegria maior, mais profunda, mais essencial na vida do ser humano do que a de perceber que pode ainda chegar a resultados incríveis a partir de faculdades que dormem em si.

Que um recém-nascido seja ou não dotado musicalmente, não nos interessa absolutamente, pois, nessa matéria, enganamo-nos constantemente, não só no tocante às crianças, como também no que se refere aos adultos. Estamos sempre interessados tanto em crianças pouco dotadas ou não dotadas em absoluto quanto nas que parecem ser dotadas. O mais cômico é que as crianças originalmente pouco dotadas foram aquelas às quais comprazia-se reconhecer-lhes mais tarde os maiores dons.

Conheço e compreendo perfeitamente o desejo dos pais e dos próprios interessados de reconhecerem os sinais corretos da presença ou da ausência de dons. Observei tantos alunos expulsos de conservatórios e de escolas superiores por "falta de talento", embora se tratasse de músicos natos simplesmente travados em seu impulso por algum obstáculo psicológico ou fisiológico fácil de eliminar, cuja existência e natureza não haviam sido suspeitadas, que não tenho a coragem de indicar os sinais seguros da presença de um dom, sua categoria e sua força. A solução desses problemas constitui uma verdadeira escola de paciência para os pais, maior ainda que para os professores de música, inclusive para os dotados de longa experiência. Como as crianças se manifestam tardia e esporadicamente e como todas as suas manifestações são em geral contraditórias, será preciso evitar de apressadamente dizer: eis o avô que se manifesta, ou ainda: essa deficiência é devida a um determinado ascendente.

As crianças são todas diferentes entre si e mesmo a maior experiência nessa matéria não permite proceder-se com uma da mesma forma que se procede com outra. A vida interior do homem é um cosmos cheio de surpresas. A única maneira válida de proceder em matéria de educação infantil é a seguinte: é preciso antes de mais nada considerar como possível a existência de todas as faculdades e estar preparado para suportar não importa qual decepção nesse domínio e, de resto, ter a paciência de "aguardar os acontecimentos", como condição de ter feito, de sua parte, muito conscientemente, tudo o que foi possível para evitar que impressões banais e unilaterais viessem a ferir o espírito da criança, o que pressupõe que alguém treine a si mesmo para uma espontaneidade sempre renovada de suas próprias reações psíquicas. É agindo assim, consciente e voluntariamente, que se chega com segurança a passar do domínio da *reação* ao da *ação,* passagem que constitui o elemento capital do desenvolvimento de todo ser humano.

Precisamos aprender a considerar o bem hereditário espiritual como uma quantidade de possibilidades das quais qualquer uma é suscetível de se desenvolver, de se converter em faculdade positiva e ativa. Posto que os ascendentes de cada ser humano são tão numerosos e de tal modo variados que pode-se dizer que não existe uma única faculdade humana que não tenha existido pelo menos uma vez em algum dos membros da imensa série de ascendentes sob forma perfeita. É por isso que se explica o fato de que entre gerações muito próximas apareçam semelhanças externas e internas, assim como uma criança que não se parece em absoluto com seus ascendentes mais próximos apresente de uma só vez faculdades cuja origem se perde num passado tão distante que sua lembrança esvaiu-se na família.

Na Europa, as investigações genealógicas se preocupam muito mais com títulos e distinções do que com a personalidade humana dos ascendentes. Pelo contrário, o culto dos antepassados, tal como existe entre os chineses e que o Ocidente obstina-se em considerar falsamente como uma espécie de pseudo-religião, outorga por princípio importância primordial ao conhecimento do ser interior de todos os ascendentes. Essa atitude espiritual contribuiu poderosamente para a manutenção da civilização e da cultura chinesas visto que cada chinês tem condições para comparar sua própria vida interior com a de seus antepassados, dos quais todo camponês na China conhece pelo menos uma centena.

A contraprova dessa verdade de experiência é fornecida pela constatação de que o ser humano tende a considerar que lhe é impossível possuir certas faculdades, pelo simples fato de que não pode verificar sua presença entre os ascendentes que lhe são conhecidos. Quantas vezes temos encontrado pessoas que se consideram como totalmente inaptas para compreender ou praticar a música, "a não ser que o fosse por herança", e o melhor de tudo é que tinham razão! Mas bastava descobrir entre seus ascendentes um parente distante, passado quase desapercebido, excepcionalmente dotado para a música, para que, de um só golpe, sentissem surgir neles o mesmo dom, a um grau de perfeição absolutamente inesperado.

A simples convicção de que nos "falta" alguma coisa levanta-se como um muro ao redor da faculdade correspondente, em direção à qual todos os caminhos são então fechados. Nossas experiências e ensaios demonstram ao contrário que se pode, em princípio, supor como existentes em todo ser humano todas as faculdades. Basta então aplicar sistematicamente as idéias fundamentais derivadas desse princípio durante o período mais importante da educação, que vai do bebê até o terceiro ou quinto ano para despertar as faculdades inerentes ao sujeito considerado.

Os dons que se manifestam de maneira inesperada num determinado rebento familiar não devem seu despertar — pois não pode se tratar disso — na maioria das vezes senão ao puro acaso. É preciso insistir um pouco sobre a maneira como esses acasos nascem.

Fazendo abstração da receptividade psíquica da criança, penetraremos no domínio da educação pré-natal. Nesse terreno, realizamos igualmente uma série de experiências sistemáticas. A higiene psíquica da futura mãe, cientificamente praticada, ordena que ela não mude a natureza de suas ocupações durante a gravidez. É nocivo, até para a sua saúde e a da futura criança, que ela abandone suas ocupações exteriores e suas preocupações interiores, ou mesmo que as freie apenas, e sobretudo que se dedique bruscamente a campos de atividade por ela desconhecidos até esse momento.

Foi-nos possível constatar que as faculdades da criança se encontravam acentuadas e enriquecidas cada vez que a mãe tinha, durante a gravidez, transferido para o campo da imaginação parte de suas ocupações e preocupações, empurrando-as a um nível mais elevado de desenvolvimento, afinando-as, diferenciando-as e as tornando mais conscientes.

Tomando como ponto de partida as atividades da mãe antes da gravidez, ela, durante a mesma, poderá seguir, sem perigo, um verdadeiro curso de aperfeiçoamento a partir do qual será possível não somente aprofundar, mas também ampliar suas faculdades de tomada de consciência dessas atividades. A natureza de suas ocupações ou a idéia que ela faça das mesmas em absoluto não importa. Pelo contrário, é indispensável que ela se torne mais precisa e cuidadosa em todas as coisas, que aprenda a refletir e a sentir de maneira mais nítida e rigorosa. Nesse domínio também, as experiências adquiridas com a educação de artistas se revelam as mais úteis. Todo artista deve ser capaz de criar dentro de si, num momento muito preciso, cuja escolha não depende dele, um estado de espírito que lhe permitirá realizar o desempenho artístico dele exigido. Nesse sentido, pode-se dizer que o bom artista é talvez o único ser humano do mundo ocidental a fazer a psicologia prática, aplicada. O resultado é a faculdade que ele adquire de observar seus próprios sentimentos, de transformá-los, de eliminá-los se for preciso ou de fazê-los nascer novamente. De fato, eis, propriamente falando, a atitude ativa que todos os homens devem adotar.

O verdadeiro artista redescobre por sua própria conta esta verdade de sempre: não são as emoções que proporcionam as impressões do mundo exterior válidas para o desenvolvimento e sobretudo para o trabalho criador, mas bem ao contrário, as emoções que somos capazes de provocar espontaneamente em nós, sem causa ou estimulação exterior de alguma espécie. Pense-se simplesmente em tudo aquilo a que se dá o nome de alegria, atividade, vontade. Tudo isso significa sentimentos, quer dizer: movimentos de nossa alma. (Não se esqueça, a esse respeito, que os fundamentos da lógica são igualmente de natureza psíquica.) A velha idéia do "domínio de si" não designa outra coisa senão a faculdade de fazer nascer em si, a todo momento, as emoções suscetíveis de dar asas à atividade vital. A atividade artística implica a faculdade de eliminar ou de transformar os sentimentos nascidos em nós em conseqüência de impressões exteriores ou, se se quer, de sonhos despertados; eis uma verdade evidente que resulta desnecessário salientar.

A futura mãe, que exerça dessa maneira o domínio de si, despertará em seu futuro filho as mesmas faculdades. A futura mãe que não seja musicista ou seja inimiga da música poderá corrigir essa atitude em benefício do filho fazendo exercícios rítmicos, precisamente os por nós descritos anteriormente, praticados na educação de bebês. Esses conselhos e princípios "pedagógicos" não significam que temos a intenção de ofender com o nosso trabalho o campo da educação pura. Apenas indicamos aqui as vias e os meios que nos pareceram necessários para se chegar a captar a questão das relações entre a música e a criança.

A mulher grávida encontra-se mais ou menos travada em sua atividade física. Não se deve pedir-lhe muito nesse terreno. Por isso fomos levados a fazer com que a futura mãe executasse todos os movimentos de maneira indicativa somente. Desde que a ordem nervosa de um movimento chegasse a seus membros, tornava-se possível fazê-la trabalhar todos os exercícios rítmicos descritos no capítulo I (e também em outros) de tal modo que após o parto era capaz de brincar ritmicamente com seu filho sem qualquer outra preparação. Além disso, cada um de nós pode se entregar a essas experiências. Imaginemos que uma babá ou uma mãe gigante movam nossas pernas da maneira descrita anteriormente enquanto permanecemos quase imóveis. Quatro semanas de exercícios regulares, praticados várias vezes por dia durante um quarto de hora (para os nossos exercícios não existe o repouso dominical), ou ainda, se isso não for possível, cinco minutos cada vez com uma periodicidade aumentada, serão suficientes para provar ao sujeito atento que é possível se acostumar com uma organização rigorosa do tempo mesmo quando jamais se soube ou se quis saber do que se tratava. Desse modo, despertam-se faculdades adormecidas e o interesse por elas. Voltaremos mais adiante sobre a significação geral da divisão do tempo. O mais importante a esse respeito é que assinalemos aqui sem tardar que os exercícios provocarão no recém-nascido o despertar de outras faculdades além das rítmicas. Praticados pela mãe, os exercícios farão nascer na criança um interesse geral pela atividade organizada.

Felizmente é impossível que os exercícios sejam deformados por teorias abstratas. Com efeito, não terão nenhum valor se se os "conhecer" apenas intelectualmente. Sua importância e seu peso decorrem unicamente da experiência que com eles se adquire.

Dito isso, convém acrescentar que mesmo o ser humano, que sabe perfeitamente observar-se a si mesmo, traz dentro de si inumeráveis tendências cuja consciência e conhecimento lhe escapam. "Não digas que sou bom", "não me fale da bondade", diz aquele que mais e mais profundamente influenciou o mundo ocidental, pois "só o Pai do céu é bom." É por isso que o recém-nascido pode manifestar tendências que pouco ou nada têm a ver com as ocupações da mãe durante a gravidez. Aquilo do qual ela está menos consciente, aquilo a que presta menos atenção poderá se manifestar com a maior força na criança. Mas seja como for, a faculdade de observação de si e de observação do mundo, a atividade positiva e organizada da criança serão de tal modo beneficiadas pela atividade da mãe, que a criança responderá sempre ao desejo dos pais que são verdadeiros pais, tornando-se ela mais que eles mesmos.

É muito importante salientar que até hoje não foi possível encontrar uma via que permitisse orientar a criança para um conjunto de dons escolhidos de antemão e obter que esses dons fossem de certo nível, de certa qualidade. Assim como um poderoso sentimento de repulsão existente na mãe em relação a determinada atividade humana será continuado pela criança, que dele fará um sentimento de repulsão generalizado relativamente a toda atividade positiva e organizada, toda tendência positiva da mãe despertará na criança a faculdade geral de se entregar à mesma atividade. A educação pré-natal tendente ao despertar do gosto pela atividade pode ser praticada com toda a segurança. Apenas em casos em que tivemos a possibilidade de exercer uma influência muito forte e profunda sobre certa atividade da mãe, foi possível despertar, até certo ponto, dons específicos na criança. Partindo, nessas circunstâncias, da sensibilidade auditiva, o resultado foi sempre uma total falta de interesse ou mesmo uma aversão catastrófica por tudo o que fosse ritmo. Se, pelo contrário, tomássemos como ponto de partida os exercícios descritos anteriormente tendendo a uma organização do tempo, o resultado obtido comportava sempre uma faculdade muito desenvolvida de compreensão e de exercício do lado sonoro da música.

Uma pequena digressão adquirirá aqui o valor de uma observação de ordem geral. Quando a mãe se interessava principalmente pela altura dos sons considerados de maneira independente, a criança manifestava uma espécie de ouvido absoluto quase unicamente mecânico, automático. Se a mãe se interessasse de maneira ativa e apaixonada pelos intervalos, pelas relações entre os sons, a criança manifestava o dom artístico autêntico que consiste em ter o sentido das correspondências, das relações em geral, até o ponto em que, às vezes, se constatava uma verdadeira deficiência na apreciação da altura dos sons. Mas era sempre possível suprimir essa deficiência, tomando como ponto de partida precisamente o profundo interesse pelas correspondências orgânicas entre os sons. Ademias, um não exclui o outro: os dois centros de interesse poderiam existir ao mesmo tempo na mãe.

Depois de tudo o que foi dito, será muito fácil e tentador se perguntar como é possível que todas as crianças mostrem qualquer particularidade de dons, de tendências, de temperamento, alguma mescla específica de talento e deficiência, dado não existir por assim dizer nenhuma mãe que pense em tal educação pré-natal.

Essa objeção fornece a melhor ocasião de dizer o que se segue: toda a preocupação materna que implique a modificação de sua estrutura intelectual se transmite à criança na medida em que a preocupação e modificação suscitem na mãe uma emoção de ordem psíquica. *É por isso que uma única impressão, um único pensamento, um único movimento, uma única atitude espiritual, um único momento de emoção podem agir sobre a criança da maneira mais decisiva, mais determinante.* Nossos trabalhos demonstram que a repetição é absolutamente indispensável para encontrar o momento de emoção psíquica cuja ação sobre a criança seja fecunda. "Repetir" não quer dizer aprender pouco a pouco pela adição das impressões. Um único ímpeto heróico da mãe durante a gravidez pode fazer da criança um herói. Mas a mãe mais heróica pode fazer de seu filho um ser pusilânime e temeroso, se por um momento, durante a gravidez, foi tão temerosa como jamais tenha sido tão heróica! É a força da emoção psíquica que determina o poder fecundante desta ou, para nos exprimir com mais prudência, a qualidade de sua ação.

Pode-se levantar ainda outra objeção, a saber, a referente à própria essência do indivíduo. Não negamos de forma nenhuma a sua existência, mas não a colocamos em alguma particularidade do indivíduo. Toda particularidade é perecível, como poderia comprová-lo em si mesmo qualquer homem ao envelhecer, bastando para isso dar-se a esse trabalho. Não se deve esquecer que não tratamos aqui senão da educação pré-natal e que não abordamos em absoluto a importante questão do papel desempenhado pelo ato da concepção e do comportamento psíquico e espiritual (o comportamento intelectual tem menos importância) dos pais e, mais particularmente, da mãe, no momento do ato. Além disso, tampouco mencionamos a questão das diferenças de reação apresentadas necessariamente por diversas crianças antes do nascimento. Essas diferenças não as estudamos senão no bebê e nos primeiros anos da criança.

CAPÍTULO III

A TÉCNICA E A EXECUÇÃO MUSICAL NAS CRIANÇAS

Infelizmente, a apreciação das faculdades da criança não é feita segundo princípios coerentes. Pelo contrário, sempre se confundem e se misturam pontos de vista contraditórios sobre a questão. Por um lado, sabe-se muito bem que interesses divergentes e sentimentos contraditórios podem paralisar uma faculdade não somente de maneira momentânea, mas também de forma duradoura. É nesse sentido que se fala de "entraves"[1] e essa palavra transmite exatamente a realidade da situação, a saber, que a faculdade em si existe mas que alguma coisa alheia e contrária a ela a impede de se manifestar. Por outro lado, encontra-se sempre a tendência consistente em atribuir os resultados insuficientes de uma dada atividade à ausência da faculdade correspondente.

A presente obra mostrará, assim pensamos, que é impossível falar de "faculdades ausentes". É mau procedimento atribuir à criança responsabilidades que competem inteiramente aos adultos. Os adultos incapazes de ajudar as crianças a se desembaraçarem de seus "entraves", facilmente as acusam de insuficiência congênita em determinada atividade. A acusação é absurda como este capítulo o demonstrará em seguida.

---

1. Em linguagem psicanalítica, a palavra alemã "Hemmung" empregada pelo autor quer dizer "complexo de inferioridade". "Entrave" parece o termo apropriado. (Nota do tradutor francês).

É comum encontrar crianças que cantam afinado e têm um senso exato de ritmo. No entanto, desde o momento em que se a ensina a tocar um instrumento, essas faculdades de ajustamento de entonação e exatidão rítmica desaparecem completamente. O pequeno violinista desafina espantosamente e o pequeno pianista permanece totalmente indiferente a isso, sequer parecendo notá-lo. Quanto ao compasso, não há preocupação nem a um, nem ao outro. Além disso, mudam com freqüência de movimento no curso de um mesmo trecho e a coerência rítmica é inexistente.

É inacreditável até que ponto, diante desses fenômenos, a maior parte dos educadores tende a esquecer por completo que a criança que lhes foi confiada cantava, no entanto, afinado e no tempo; logo falam dela como carente de dons musicais. No entanto, a pretensa "falta de dons", tanto nas crianças como nos adultos, é simplesmente a dificuldade de se familiarizarem com as condições do jogo instrumental, as atitudes, os gestos, os movimentos de que eles necessitam. É essa dificuldade, a obsessão que ela suscita, os esforços que provoca, que obscurecem os dons para a música. Mesmo as crianças e os adultos "habilidosos", que facilmente aprendem a manejar ferramentas complicadas, tornam-se bruscamente rígidos e desajeitados na presença de um instrumento musical, cuja construção e estrutura lhes parecem como irremediavelmente misteriosa e caótica.

É verdade que há crianças indiferentes ao caráter do instrumento, às quais os problemas colocados pela aprendizagem de movimentos desconhecidos dos membros e dos dedos não chegam a apaixoná-las o suficiente a ponto de fazer dele objeto de interesse duradouro e para conseguir resultados positivos. *Mas a dificuldade é sempre a mesma: "sentir a música" ao mesmo tempo que se "sente" a corda do violino, que se explora o mecanismo do instrumento e que se ataca com o instinto afinado desde os obstáculos a serem vencidos até os problemas postos pelos movimentos dos membros e dos dedos.*

Muitos seres humanos demonstram espontaneamente interesse pela solução de problemas de múltiplos e comple xos aspectos, sendo capazes de tocar um instrumento sem por isso eliminarem a sensibilidade puramente musical. No entanto, não se leva muito em conta a multiplicidade e a diversidade de centros de interesse necessários para fazer música. Somente a justa consideração da ordem de sucessão de exigências na matéria (ver o capítulo I sobre o bebê) é suscetível de esclarecer a questão. Os não dotados para a música despertam para ela sob a condição de serem *primeiro* iniciados no mecanismo instrumental, de modo que não experimentam maiores dificuldades em fazer dançar os dedos, encontrando o tempo mental ou espiritualmente falando, de combinar a sensibilidade musical com a sensibilidade puramente mecânica, digital, muscular. Em suma, a maioria não desperta para a música senão depois de haver trabalhado e dominado os movimentos do corpo e a técnica da "ferramenta" empregada. O que não quer dizer que advoguemos a pura mecanização dos exercícios, posto que o que exigimos é o despertar da sensibilidade para os intervalos nos movimentos da execução.

Freqüentemente os que possuem a sensibilidade musical mais refinada são os que experimentam maiores dificuldades em combinar essa sensibilidade com a sensibilidade técnica. A inútil atitude dos adultos, consistente em exigir das crianças que exercitem, que toquem de uma maneira musical e tecnicamente adequada, terá apenas o efeito de um entrave mortal sobre elas. Nunca se deve perder de vista o seguinte princípio: *quando não se sabe fazer uma coisa, se a faz mal.* Sabe Deus quantos pontos de vista impedem a atividade normal, natural, desinteressada, de se desenvolver. Em todo caso, os entraves não são nunca o produto de dons insuficientes, mas contrariam sempre os dons existentes e suficientes.

O progresso só é possível pelo desenvolvimento daquilo que é naturalmente dado. *É preciso renunciar a tentar inculcar seja o que for às crianças, é impossível.* É preciso simplesmente afinar sua sensabilidade, despertar seu interesse. O que profundamente interessa à criança é o que ela faz e o que sabe fazer. Exigimos da criança que não sabe fazê-lo, o hábito de tocar a tempo: é o meio mais seguro de destruir-lhe para sempre a possibilidade de aplicar aos exercícios sua própria necessidade profunda de um compasso justo, de um ritmo exato. O que é igualmente válido para o ouvido do pequeno violinista, por exemplo. Enquanto for preciso empregar muito tempo e energia na solução de problemas técnicos, não sentirá os sons exatos no seu interior, daí resultando que desafinará, embora não haja nenhuma necessidade fisiológica de fazê-lo. Toda ordem artificial introduzida na aprendizagem de um instrumento é contrária à vida e anti-artística. Naturalmente isso não significa que devamos renunciar ao papel de guia. Bem ao contrário, a aplicação destes princípios resulta no estabelecimento de uma ordem muito mais sutil na sucessão das chamadas medidas educativas do que a obtida até então. É evidente que a criança não deverá se aperceber da nova ordem introduzida em seu trabalho, pois então seu interesse recairia sobre essa ordem ao invés de recair sobre as exigências de sua natureza, que é o que se trata de despertar.

A tonalidade justa na execução técnica e musical é sempre um produto da sensibilidade, da fineza interior e jamais o resultado de uma intenção deliberada. Czerny é muito desprezado atualmente; pessoalmente, de bom grado lhe trançaria uma coroa de louros pela maneira como resolveu os problemas sobre as questões da formação do som, do toque pianístico e da execução musical. Suas obras didáticas não contêm um só trecho que pudesse ser tocado no estilo artificial, fabricado, que é o dos adultos de nossos dias ao fazerem música. O que se descobre em suas peças é a raiva que martela, a cólera que excita, a estupidez tagarela, o riso que penetra, a teimosia que agita, a louca exuberância que vagueia como fogos-fátuos, a pressa que se obstina e se embaraça nos dedos, a melancolia que se arrasta, o devaneio que busca e tateia, a brutalidade que esmaga, o medo que estremece, a coragem que fere. Eis os estados de alma que estão na base do toque!

O que as crianças sentem, ressoa, toda a vez, de sua maneira de tocar e é aí que Czerny se baseia. Czerny não é enfadonho, seus críticos o são; é preciso não esquecer que compunha na hora, uma nova peça adequada, para cada aluno, a cada nova lição, considerando o estado de espírito do aluno naquele dia. "Bem, hoje você está mal-humorado, espere um pouco, vou descrever seu estado em seguida através da música." Os cadernos de Czerny são a história dos estados de ânimo de seus alunos de forma tão perfeita como provavelmente não teríamos outra igual. Por isso, fazer uma "seleção" em Czerny é um ato da pior barbárie. Sabia o que representava o conjunto, conhecia a sucessão psicológica a ser apresentada à criança no desenvolvimento de um caderno de estudos. Exigir da criança uma qualidade e um tipo preciso de toque, *staccato, legato, piano, forte* etc., é assassinar ao mesmo tempo a obra-prima miniatura de Czerny e alma viva da criança. É impossível que a criança toque "mal" ou "desafinado" um trecho. Só poderá se achar num "desafinado" estado psíquico. *Tocar "desafinado", tocar "mal", é unicamente tocar sem participar do estado psíquico que deu origem ao trecho executado.*

No ensino do desenho há tempos que se "deixa fazer" os alunos, sem estragar-lhe mediante repetidas intervenção o que produzem. Os resultados obtidos demonstram o valor dos princípios aqui esboçados. Hoje existem muito mais excelentes desenhistas que no tempo em que exigiam imitações puramente mecânicas, como ocorre ainda no ensino da música.

Quando permitiremos às crianças que toquem uma escala cromática de Czerny da maneira penosa e torturada correspondente ao espírito no qual foi composta, segundo a imagem de certo aluno do mestre, estudando a contragosto, crispado pela atenção e pelo esforço?

O ensino puramente mecânico da música tem sido freqüentemente condenado. Sem se darem conta, os adultos continuam exigindo das crianças esforços que elas não são capazes de realizar, não se podendo sequer sonhar em pedir-lhes. Há muito tempo supõe-se que o uso de um instrumento pode entravar a musicalidade, não tendo sido encontrados outros meios de superar esse impasse fora aquele que consiste em fazer com que as crianças "cantem". Desse modo comprova-se como sempre se espera encontrar a origem das insuficiências da criança num defeito de percepção musical, quando as insuficiências provêm unicamente da oposição entre o interesse pela música e o interesse pelos problemas da execução instrumental.

Pensou-se inclusive que os atuais instrumentos musicais são demasiado difíceis para a criança. Trabalhei durante dez anos na Alemanha, em Berlim, onde fui convocado a integrar uma comissão de legislação musical. Tratava-se principalmente de estabelecer um novo regulamento para o exame de habilitação de professores de música. Com Klinger, o violinista, e Corts, o presidente da associação alemã dos músicos de orquestra, fui o único a lutar, como especialista, contra a massa dos funcionários da educação que queriam a todo custo não só introduzir no regulamento artigos relativos a "instrumentos para crianças" como a ocarina, a gaita e a flauta doce, como também regulamentar o exame de habilitação dos professores desses instrumentos. Klinger — líder do famoso quarteto de mesmo nome — dizia com razão que aquele que não fosse capaz de tocar esses instrumentos populares sem a orientação de um professor era no conjunto inapto para a música; Corts, antigo primeiro violino de grandes orquestras, insistia no fato de que as crianças sempre desejam tocar os instrumentos que vêem os adultos tocarem. Pessoalmente, posso fornecer provas, fundadas em dados estatísticos, de que as crianças que tocam instrumentos populares semelhantes não passam quase nunca à prática de um verdadeiro instrumento de música.

Não existe instrumento difícil para uma criança. *O que é muito difícil é os adultos evitarem de fazer com que as crianças percam o desejo e o prazer de trabalhar.* Um mal-entendido nasceu de minha proposição de princípio segundo a qual não é necessário exigir sempre das crianças que toquem pequenas peças completas. Deduziu-se daí que era preciso ensinar as crianças a improvisarem. Sem abordar o fato de que para essa finalidade formulavam-se prescrições que fatalmente acarretariam a criação de novos quadros fixos, afirmamos que é totalmente errôneo querer obrigar a criança a aceitar determinado ponto de vista sobre a maneira de improvisar. Aprende-se a trabalhar tocando. *O jogo é a tentativa de trabalhar, variada e renovada ao infinito.*

Não se deve nunca esperar progresso da parte das crianças. *O progresso nasce, não o fazemos.* Isso significa que a origem do progresso consiste na possibilidade de executar tão rápido e tão bem o que se sabe fazer, resultando espontaneamente daí possibilidades mais elevadas! Já afirmei que "repetir" não quer dizer "adicionar". *Repetir, é restabelecer.* Poder restabelecer aquilo que desapareceu é a condição primeira do funcionamento da memória. E a memória é o fundamento da atividade e da boa realização. A criança pequena nos serve de exemplo a esse respeito: ela repete a mesma palavra centenas de vezes a cada dia. Em tudo ama a repetição. Mas desde que se lhe diga que através da repetição poderá aprender algo, a repetição não mais a divertirá. Não se aprenderá nada, se se repetir para aprender.

Só avançamos quando repetimos uma ação pelo puro prazer de fazê-lo. Em suma: fazer bem algo é desviar-se dos entraves. Não se pode ensinar nada a ninguém. É por isso que não dou muita atenção à "pedagogia". Ainda jovem tive essa experiência e formulei a frase: "O que é um professor? É um homem que sabe que nada se pode ensinar." Tudo o que se pode fazer, é manter os procedimentos autodidáticos da criança no bom caminho ou recolocá-los em caso de necessidade.

A fim de realizar minhas experiências em Berlim, devia pedir uma autorização oficial sem a qual, há muito, perdia-se o direito de fazer o que se sabia. Quando alguém supunha saber realizar algo, não tinha o direito de pôr o seu saber em prática sem a famosa autorização. Recusaram-me inteiramente autorização para ensinar, liberando-me apenas uma para psicologia, filosofia e estética musicais.

Eis por que é preciso não se enganar sobre os títulos de minhas obras e compreender que pertencem à mesma categoria que a do presente ensaio. São elas: *Diretivas de uma pedagogia dissolvente,* Berlim, 1935, *Problemas de pedagogia musical,* 1936, *Os célebres adversários da música e sua refutação,* Berlim, 1932, *A Escola Superior da Energia,* 1931-2 e seis anos de minha pequena revista cultural *No caminho,* 1930-1936.

CAPÍTULO IV

O COMPORTAMENTO EM RELAÇÃO À MÚSICA

Ter um bom ouvido não significa necessariamente ser dotado para a música. O poder de definir sons não garante o poder de reproduzi-los A aptidão para definir os sons é, no melhor dos casos, premissa favorável para a aptidão de fazer música. Em nosso capítulo sobre o "amador" veremos que ela não é sempre uma premissa necessária, pois, no fundo, "ouvimos" tão pouco a música como lemos as palavras: lemos as letras entre as quais estabelecemos logo relações. A palavra se encontra *entre* as letras. Existem tão poucos sinais para os conceitos como para as melodias. Dito de outra forma: a música é a relação entre os sons e não o próprio som, qualquer que seja o grau de artifício e de complexidade de sua sucessão. Ou melhor ainda: compreender e fazer música é primeiro ser dotado da faculdade de perceber intervalos e de estabelecer relações entre eles.

São os intervalos que fazem a música. Ora, não se ouvem os intervalos. Os intervalos são sentidos. A simples impressão sonora já é uma operação psíquica, pois o próprio som é movimento. Ora, o intervalo é um movimento *entre* as alturas sonoras. Ouvir é uma reação psíquica; quanto aos intervalos, não podemos percebê-los nem com o ouvido nem com o intelecto. No melhor dos casos, este pode dar ao intervalo sua definição conceptual. Essa definição é inútil tanto para a percepção como para a reprodução da música, como o demonstram a existência da música popular e a própria atividade artística. Definir sons, simultânea ou sucessivamente, está ao alcance de todos; mas só o despertar da sensibilidade para os intervalos e suas relações permite o ato musical. É por isso que a música e seu exercício são antes de tudo questões de estética. A própria estética eleva-se da sensibilidade às relações entre as operações psíquicas. Ela é de essência psicológica.

No começo era o *tempo.* Cada ser humano possui seu tempo interior bem definido. É verdade que tal definição só se torna evidente para outrem e para o próprio sujeito quando as crispações e enervações sempre existentes e as falsificações do tempo interior por elas provocadas, tenham sido abolidas. Podemos constatar a cada instante, ao nosso redor, a existência do tempo interior que varia segundo os indivíduos. O que é rápido para um, parecerá lento a outro e vice-versa.

Não se pode chegar a uma solução geral da questão do tempo se não reconhecer-lhe primeiro os fundamentos. Estes podem se resumir assim: o tempo definido pode criar o efeito de ser mais ou menos rápido, conforme se reúnam num só uma maior ou menor quantidade de pulsações.

Por instinto, o ser humano faz música fundando-se exclusivamente em seu tempo interior. Modifica esse tempo pelo trabalho ou não o modifica por completo, mas reúne um número maior ou menor de pulsações num só, de tal forma que para ele e para o ouvinte nasça a impressão de um movimento mais vivo ou mais lento. A prova disso reside no fato de que até o século XV os movimentos, apesar das indicações diferentes de tempo, eram quase os mesmos, do mais lento ao mais rápido. O que mudava era a concentração das pulsações, de maneira que a *impressão* da mudança de movimento podia se produzir.

A significação literal das antigas indicações de tempo confirma claramente esse estado de coisas: refere-se sempre aos estados psíquicos. *Presto,* por exemplo, quer dizer ansioso (Mozart compôs uma peça "adagio presto"). *Vivace* significa "pleno de vida" que poderá ser não importa em que tempo. *Allegro* quer dizer alegre; *animato,* animado, ou cheio de ânimo. *Andante* significa "andando". *Largo* quer dizer vagarosamente, gravemente, pesadamente. A concepção que hoje temos dessas indicações data da época de Beethoven. Apesar das tentativas de Liszt de favorecer a antiga concepção, mais profunda e mais verdadeira, a nova definitivamente se impôs graças a Wagner. A concepção unilateral do tempo hoje admitida, quase que totalmente destruiu a concepção de conjunto, mais justa e mais próxima de sua essência, como era tida antigamente. Somente as crianças muito pequenas captam instintivamente seu sentido. (Consideremos os compassos extremamente divididos da música antiga.) As diferenças de tempo são primeiro diferenças de concepção de um só e mesmo tempo, e apenas em segundo lugar correspondem a mudanças de tempo.

A proposição "Cada ser humano possui um certo tempo interior, que lhe é natural" deve ser interpretada nesse sentido, como um tempo médio, que corresponde à natureza e ao grau de vitalidade de cada um, constituindo o ponto de partida e a unidade de medida para a apreciação e todos os *tempi* mais rápidos e mais lentos. Se cada ser humano não carregasse consigo essa unidade de medida, se não tivesse o sentimento de seu tempo médio individual, ser-lhe-ia impossível definir os diferentes *tempi,* ou mesmo conhecer seus caracteres particulares! *Cada tempo é algo diferente a cada ser humano;* é por essa razão, principalmente, que a música exerce efeitos diversos sobre todos os indivíduos. Depreende-se do que acabou de ser dito que para saber se uma pessoa é capaz de fazer música será preciso primeiro saber se as reações de sua vida interior permanecem naturais e em que medida. Essa é, com efeito, a condição primeira da faculdade de fazer música: somente se formos capazes de responder satisfatoriamente a essa dupla questão, é que poderemos confiar na capacidade e no grau de perseverança do indivíduo considerado, na sua faculdade de apercepção sintética de uma longa fração do escoamento do tempo, e especialmente na sua faculdade para gozar a música.

As crianças e os adultos, que sempre se deixam arrancar de seu tempo interior pelas influências do momento, sofrem de todos os defeitos relacionados com as faculdades da paciência, da perseverança, da regularidade, da memória, da apercepção sintética das grandes formas da natureza. Não é à toa que as antigas civilizações, como a chinesa, que pesquisadores, sábios, pensadores da antiguidade, como Platão, colocaram a música no cimo da educação. O esforço espiritual de longo alento será impossível ao ser humano que não conservar seu próprio tempo interior. Mesmo o hábito duravelmente adquirido de um tempo interior médio de essência alheia não garantirá a possibilidade desse esforço. *O homem só poderá estar atento se tiver o "tempo" para tanto.* Pois bem, tem-se tempo quando se sabe organizá-lo interiormente, mesmo que se tenha adquirido essa arte na juventude e só exercê-la mais tarde inconscientemente, tomando como ponto de partida seu próprio tempo interior.

Nada incomoda mais os músicos amadores do que a ausência da faculdade de apercepção sintética de uma longa fração do escoamento do tempo; e muitos músicos profissionais ignoram essa faculdade.

Se a peça musical exige a incorporação de uma longa seqüência de intervalos considerados segundo suas correspondências recíprocas no fluxo da vida interior, a satisfação dessa exigência dependerá naturalmente da faculdade de distinguir os intervalos entre si. Porém o mais importante de tudo é a faculdade de concentração; e esta só se educa por meio de movimentos rítmicos. Amiúde encontram-se intérpretes, tanto profissionais como amadores, capazes de conceber no plano do puro virtuosismo a sucessão dos intervalos. Se não tiverem desenvolvido a faculdade de organização do tempo, nunca chegarão a conceber as grandes linhas, a continuidade e as correspondências rítmicas de uma peça.

Até hoje a educação da atenção tem sido completamente negligenciada. Há unicamente a preocupação de evidenciar fatos isolados suscetíveis de "excitar" a atenção e, de resto, contenta-se com o débil pretexto de que a faculdade de apercepção sintética de um conjunto mais complexo de relações é uma questão de "dom", não podendo ser despertada, nem desenvolvida ou influenciada.

Nossas pesquisas provaram que o contrário é verdadeiro; prova cada um pode sempre fornecer a si mesmo se tiver a clara consciência do fato de que todo trabalho de conjunto e envergadura supõe primeiro a faculdade de apercepção sintética de uma longa fração do escoar do tempo, captada pelo espírito como um só instante.

Isso não poderia ser reconhecido como evidente, nem compreendido até o presente por duas razões: primeiro, porque toda visão de conjunto era considerada como fruto de uma especulação puramente intelectual e, segundo, porque a solução dos problemas postos pelas questões rítmicas só era considerada sob uma forma muito primitiva, sob seu aspecto puramente material. Pergunta-se se assim não se estaria dando as costas às verdadeiras dificuldades suscitadas pelos problemas do ritmo. Propomos a título de hipótese o que nos é já uma certeza, a saber, por um lado, que a visão de conjunto, a apercepção sintética é de essência e de natureza espiritual e não intelectual e, por outro, que o ritmo tem suas origens no universo psíquico, e não no universo físico do ser.

O que se chama de instante é uma fração de tempo que naturalmente eu chamaria de microtempo. A definição corresponde à realidade, pois para todo ser humano e em cada novo campo de atividade o instante compreende elementos diferentes em qualidade, número e duração. Por definição, a sucessão se desenrola no tempo. Feliz daquele que em vários domínios ou pelo menos em um só campo de sua atividade chega a captar e a viver como microtempo aquilo que para os outros é o "tempo", no sentido comum do termo. Mozart disse: "O mais belo instante da composição de uma obra é aquele em que se ouvem todos os sons ao mesmo tempo."

Essas considerações dão-nos a oportunidade de dizer algumas palavras sobre a importância dos agregados harmônicos em música e de opor uma concepção mais justa à que se admite habitualmente. *A apercepção auditiva de um agregado harmônico exige o ouvido analítico instantâneo.* A maioria dos amantes da música contrapontística, quero dizer os que são contra a música harmônica, são seres incapazes de dissociar um agregado harmônico em seus intervalos com suficiente rapidez, de maneira que esse agregado sempre será para eles um magma sonoro irritante e confuso.

Refiro-me à melodia dos acordes. Não quero dizer que seja necessário distinguir diferentes sons isolados de um agregado harmônico, mas ter instantaneamente, no "microtempo", a apercepção de todos os intervalos formados pelos sons, em todas as combinações possíveis. Como já dissemos, reconhecer a altura absoluta de cada som não prova que se é dotado para a música e nem tampouco conduz à música. O caminho inverso é o bom, o único que inspira confiança: sentem-se os intervalos; e é definindo as primeiras impressões que se chega, ulteriormente, à definição das diferentes alturas sonoras.

O que acabamos de dizer é muito importante pois, desse ponto de vista, poder-se-á julgar bem melhor a evolução das crianças e compreender aquilo que diremos mais adiante acerca das relações entre a música e o amador. Será necessário insistir no fato de que o ouvido analítico instantâneo não se obtém através de exercícios especiais de audição, constituindo o resultado espontâneo de exercícios de "tempo", isto é, de ritmo?

Não falamos apenas a partir de experiências de cinqüenta e cinco anos no domínio da educação prática, mas também em nome de pesquisas estatísticas empreendidas ou em nome daquelas das quais participamos. Na Alemanha, somente 10% das crianças beneficiadas pela educação musical praticam música na idade adulta. Sabe-se que os professores de música preferem fazer estudar os alunos "dotados" e os pais opinam que só um "talento" acentuado para a música justifica a educação musical da criança. O simples fato de que são justamente as crianças menos "dotadas" ou supostamente desprovidas de talento musical sobre as quais essa arte exerce feliz influência no tocante ao desenvolvimento geral de sua atividade vital, mostra a que ponto essa concepção e atitudes são erradas.

As crianças ditas "dotadas" para a música se divertem ou estudam com mais gosto quando não ouvem música; os chamados "não dotados" se divertem ou estudam muito melhor e corretamente quando a música ressoa perto deles. É *unicamente* porque os "não dotados" não sabem se exprimir musicalmente, que se acredita que a música não lhes cause nenhuma impressão. A verdade é que a música penetra e vivifica *todas as suas atividades,* enquanto as "dotadas" nada extraem da música para suas atividades extramusicais. O pianista Émile Sauer contava — e ele não é o único no seu caso — que até o vigésimo aniversário parecia como que totalmente desprovido de senso musical, mas que o estudo de piano ao qual a mãe o havia obrigado sistematicamente a dedicar-se durante toda sua juventude, lhe havia fornecido de alguma forma a "matéria-prima" que lhe permitiu, um belo dia, despertar para a música.

Ouvir, escutar a música não basta, evidentemente, para despertar o senso musical. É preciso que ao menos uma vez a música e o ato de fazê-la tenham suscitado forte emoção psíquica, uma tensão motora decisiva em todo o ser. E a condição necessária para tanto é precisamente *fazer* música. *Entendemos por "fazer música" uma atividade interior dirigida nesse sentido* (ver o capítulo sobre "O Amador").

Uma palavra ainda sobre a questão do ritmo. Está provado hoje que os exercícios do que se chamou ginástica rítmica tendente a conduzir à música através de uma transposição dos elementos rítmicos desta aos movimentos do corpo fracassaram e só podiam fracassar. Em 1913, recusei dirigir a maior instituição criada na Alemanha para pôr em prática os princípios de Jecques Dalcroze, o fundador da escola de ginástica rítmica, sabendo propriamente que essa ginástica não conduziria nem à dança, nem à música.

A título de comparação, faz-se necessário tratar aqui do conjunto de movimentos do corpo que a dança constitui. A música e a dança se desenvolvem no tempo, mas só a música organiza o tempo por meio de cortes fixos e característicos em seu desenvolvimento. O som de longa duração não será percebido musicalmente se não se imaginar, ainda que inconscientemente mas durante todo o seu desenvolvimento, a sucessão das unidades de compasso que o constituem e também sua estrutura rítmica indicada pelo lugar que o som ocupa no começo do compasso. Se o executante e o ouvinte se abstiverem disso, perderão a coerência e o sentido da música. Pode-se mesmo afirmar que a interpretação mais apurada é função da sensibilidade do executante para os sons mais curtos e freqüentes, mantida de maneira contínua e regular durante toda a duração da execução da peça.

A dança coloca exigências exatamente contrárias. As posições da dança não se sucedem no tempo como outras tantas divisões e subdivisões regulares ou irregulares deste, nitidamente separadas, isoladas umas das outras. A dança desenvolve-se essencialmente por movimentos fluidos, contínuos, e todo corte abrupto num instante preciso de seu desenvolvimento acarretará a destruição de sua coerência e de seu poder de expressão. Se se quer definir a organização do tempo na dança — tanto na verdadeira dança artística como na popular — pode-se apenas dizer o seguinte: a organização é resultante de movimentos contínuos, de arcos e curvas que se articulam num encadeamento ininterrupto. A continuidade, os arcos e curvas são características da dança e de sua coerência interna, como, ao contrário, os ataques precisos dos sons em momentos rigorosamente fixados definem a estrutura musical.

Esta se funda na reiteração de fragmentos de tempo de igual duração, sobre os quais se edificam fragmentos de tempo de duração desigual, cuja sucessão obedece a certos princípios de alternância. A dança organiza o tempo tanto por meio da variedade como por meio da semelhança de movimentos.

Segue-se que, por definição, o ritmo da dança é diferente do ritmo da música. *A reunião da dança e da música numa mesma obra de arte só se opera pela colocação em evidência do efeito de contraste entre seus respectivos recursos devendo estar fundada, por outro lado, sobre uma mesma curva de reações sensíveis ante essas duas formas de expressão artística.* Toda inobservância dessas regras será prejudicial, terminando por ser fatal à força de expressão das duas artes.

É verdade que a música é capaz de flexibilizar sua organização estrita do tempo através do rubato. Mas se não quiser destruir o meio fundamental de existência da música, o artista deverá evitar todo exagero nesse domínio. O rubato jamais deve significar o abandono de um tempo dado, mas apenas uma modificação passageira do tempo, claramente reconhecível como tal.

Por outro lado, é permitido ao dançarino marcar, até certo ponto, ligeiros cortes no desenvolvimento do tempo e aparentemente interromper por instantes a continuidade do movimento através de sutis entraves introduzidos na curva ininterrupta de seus gestos. Mas pobre do dançarino que se puser a entrecortar seus movimentos! As interrupções do movimento devem ser apenas *aparentes*. Se a arte da dança perde, em nossos dias, seu brilho, seu poder expressivo, sua vitalidade, deve-se esse fato às teorias infelizmente postas em moda por Dalcroze e outros, teorias que falseiam as leis fundamentais dessa arte. Existem igualmente compositores que negligenciam o ritmo e repelem a divisão dos compassos. O resultado é uma música que pode ser tocada não importa em que tempo, sem que isso tenha alguma influência sobre sua substância ou valor.

A dança torna manifesto o que na música permanece oculto, ou seja, o intervalo. Enquanto o músico não pode e não deve senão *sentir* a significação dos intervalos, para que seus ouvintes possam igualmente senti-la, é particularidade dos movimentos do corpo poder representar a grandeza e o significado dos intervalos. Por isso não será preciso tentar adequar os movimentos da dança às alturas sonoras pois nela nada existe que possa corresponder-lhes.

É inegável que o movimento da dança, executado com perfeição, funda-se sobre a organização do tempo, cuja natureza nos escapa, não sendo possível nem defini-la intelectualmente, nem medi-la de acordo com alguma escala conhecida. É fato de observação corrente que a dança não é bela, isto é, que não é viva, nem irradia vida ao seu redor, a não ser que renuncie completamente a se definir e a se organizar segundo os meios próprios da música; vegetará na aridez e na ausência de vida quando tentar apropriar-se desses recursos e quando se exigir imprudentemente que certos momentos do movimento da dança tenham o mesmo efeito que os cortes rítmicos e sonoros da música.

Segundo se sabe, parece que Nijinsky não era músico. Por certo não o era segundo o ponto de vista dos teóricos atuais da dança, que, na realidade, não fazem senão imitar Dalcroze, organizando os movimentos segundo os cortes rítmicos e sonoros da música. Mas se por música entendemos a experiência viva e a apercepção intuitiva das relações entre os intervalos, Nijinsky era o mais musicista dos dançarinos. Com efeito, defendia-se como um belo diabo contra a exigência de fazer seus movimentos entrarem na camisa-de-força do ritmo musical, que nunca poderá convir à dança, ainda que ela constitua a condição essencial de vida para a música.

Com relação ao ritmo musical, o ritmo da dança é vago, sob qualquer ponto de vista que se o considere. Podemos supor sua existência baseando-nos no saber teórico. Mas o que caracteriza a dança, como também a verdadeira ginástica, é precisamente a corrente ininterrupta do movimento, que deve, na medida do possível, evitar todos os cortes que poderiam talvez se produzir por instantes, unindo-os de alguma maneira pela ponte do próprio movimento.

É preciso familiarizar-se com esses pontos de vista e considerá-los, se se quiser compreender os problemas postos pelas relações entre a música e a criança, pois os movimentos do músico executante são eles próprios movimentos dançantes, que correm de forma ininterrupta através dos instantes sonoros, sob a condição de serem corretamente executados. O ensino da ginástica, tal como concebida hoje, faz tudo que pode para ultrapassar em matéria de absurdo o ensino da música, ministrado segundo os métodos os mais daninhos possíveis. Eis o que havia de essencial a ser dito sobre a diferença entre os movimentos do corpo e a música.

Assim como não se deve esperar constatar na criança pequena o aparecimento de resultados em relação aos esforços realizados com vistas à sua educação, não será preciso tampouco buscar imediatamente provas justificativas da excelência de um método no comportamento do bebê, do amador ou do profissional com respeito à música. *A única prova que inspira verdadeira confiança, será encontrada no fato de que a música aumenta a vitalidade geral, tanto do bebê, como do amador e do músico.* Só intermitentemente sentir-se-á alegr a em comprovar que a música desperta sempre a curiosidade espiritual e as faculdades mais diversas.

Antes de impelir os germes, desenvolvendo-os ao ar livre, no mundo visível, o grão desdobra primeiro suas raízes na terra cerrada, impenetrável à vista. Assim como o desenvolvimento precoce dos germes, antes da correspondente formação de raízes, é daninho às plantas, propiciando em definitivo lamentáveis resultados, a solidez e a extensão do fundamento de toda aprendizagem humana garantem a excelência e o vigor vital da atividade com ela relacionados. A atividade fragmentada e insuficiente num certo domínio é sempre sinal de uma insuficiente formação de raízes. É inútil que os procedimentos pedagógicos correntes, por razões tão estreitas como limitados são esses procedimentos, tendam a fazer com que se passe nos exames com sucesso pois não se poderá julgar o valor do indivíduo e assegurar seu desenvolvimento senão segundo os princípios psicopedagógicos; a educação do ser humano deve ser estética no sentido mais profundo do termo, filosófica no melhor sentido e verdadeiramente psicológica. Quando todas essas condições são cumpridas poder-se-á chegar a resultados positivos, graças a uma exploração científica do domínio considerado, tanto teórico como prático.

Do que foi dito até o presente, resulta claro que as definições dadas possuem uma significação geral, desviando-se um pouco do objeto ao qual parecem aplicar-se a princípio. Não se trata apenas do comportamento da criança, nem da opinião que possamos ter acerca de suas reações, nem tampouco do que empregamos para ajudá-la a avançar, segundo a linha de seu desenvolvimento natural, da maneira que lhe deseja mais favorável. Trata-se também, no domínio das relações entre a música e a criança, da experiência pessoal dos que gravitam em torno dela, daí provindo a importância desse domínio dentro do campo mais vasto da educação em geral. Eis o resultado dessa experiência: como nossas reações variam de instante a instante, não é a constância nem a profundidade de certas impressões correspondentes a um só campo de atividade, nem a multiplicidade de impressões relativas a muitos campos diferentes de atividade, que influirão no desenvolvimento de um ser, entendendo por desenvolvimento a resistência à extinção das faculdades que a criança traz consigo ao nascer, a resistência ao retrocesso com relação a essas faculdades.

Os homens mais notáveis numa dada especialidade, assim como os gênios múltiplos, universais, enciclopédicos, receberam durante sua juventude muito poucas impressões do mundo exterior, ou, pelo menos, muito poucas impressões profundas; mas suas reações às impressões foram particularmente poderosas, ajudando-os a manter as faculdades despertas, impulsionando-as a seu mais elevado desenvolvimento.

Sabemos que mais de um leitor, considerando o título desta obra, lamentará não encontrar nela a indicação de certos indícios pelos quais seja possível reconhecer o dom para a música, ou melhor ainda, encontrar a exposição de algumas brilhantes hipóteses que se deixam agradavelmente seduzir como verdadeiras. Acreditamos que sob esse aspecto já se fez demasiado. Quando se procede, nesse terreno, a investigações práticas, além das teóricas, isto é, quando se fazem as únicas exatas experiências possíveis na matéria, sobre si mesmo, em forma de auto-experiências, então será viável falar de algo mais do que de princípios, podendo-se, quando muito, sublinhar a dificuldade de verificar a presença de dons para a música nas crianças e nos amadores, dificuldade que amiúde chega a se converter em impossibilidade, não existindo nada que possa diminuí-la.

Uma vez mais, só podemos tomar um exemplo na vida humana em geral, pois os exemplos oriundos da história do desenvolvimento musical de indivíduos isolados revestem-se de um caráter anedótico. Todo homem pode em definitivo constatar em si mesmo, com a condição de observar sua própria vida interior, que às vezes uma única impressão bastante forte, uma só reação psíquica profunda, estabelecem elos de tal modo poderosos entre si e a matéria considerada, que cedo ou tarde dá nascimento a uma faculdade, a um dom. Isso é verdadeiro quer se trate de impressões positivas ou negativas.

A evidência de tal constatação é, em geral, mais forte quando se trata de impressões negativas e sensível, mesmo àqueles que sejam pouco treinados na observação de si próprios. É fato conhecido que a recusa enfática de algo liga-nos ao objeto de recusa tão poderosamente como uma aceitação enfática. O que é demonstrado pelo fato de que cedo ou tarde — e geralmente tarde, tão tarde que já não é mais possível ver a relação de causa e efeito que no entanto existe — somos conduzidos à força àquilo que se começou por recusar. Há um provérbio alemão que exprime essa verdade de que o homem um dia, deve fazer ele mesmo aquilo que de início, com ênfase, recusou fazer ou recusou considerar. Sem falar das espécies de vícios a que se entregam freqüentemente as pessoas de idade que, durante a vida toda permaneceram orgulhosas de suas virtudes, recordemos o caso de inúmeros aposentados que, após terem deixado suas ocupações habituais e esquecido o que até então constituía o centro de interesse de suas existências, adotam bruscamente, segundo as circunstâncias, um gênero de vida que ninguém até então os julgaria capazes de adotar.

Mais ainda, basta observar-se a si mesmo ou ao seu redor para constatar que as tendências psíquicas que conservaram seu poder de ação toda uma vida começam um belo dia a perder sua eficácia, a desaparecer totalmente, dando lugar a outras tendências absolutamente desatendidas. Consideremos, por exemplo, "os velhos que viraram crianças". (Claro está que devem ser levados em conta os entraves e as inibições nascidas de doenças e de enfermidades físicas, que chegam de tal forma a transformar a imagem da pessoa que não a reconhecemos mais.)

Todos esses fenômenos são bem conhecidos, revestindo-se de um caráter muito geral para que se possa deles extrair conseqüências relativas à natureza e ao desenvolvimento da criança e às possibilidades do amador. Em nossos dias, os pais dispõem de pouco tempo e, em razão do fraco conhecimento que possuem de si mesmos, de sua própria natureza, têm uma vontade bem limitada de cuidar dos filhos. Começa-se por enfiar as crianças num quarto escuro (posto que elas devem dormir e ter paz, dada a vida exclusivamente vegetativa que levam...), depois, são enviadas aos berçários, ao jardim de infância, "para que entrem em contato com outras crianças e adquiram o senso comunitário e social" e, enfim, muitos pais respiram, aliviados, ao começar o ano escolar quando, então, os educadores assumem a seu cargo as crianças.

Entretanto, *são as primeiras impressões as mais eficazes e as mais fortes que pesarão mais tarde.* O senso comunitário não nasce da vida em comunidade; é aprendendo a se observar e a se "manter" a si mesmo (e as crianças pequenas demonstram muito mais interesse por isso do que os adultos), que se conhece os outros, o que torna a pessoa apta a viver em comunidade, mesmo que tenha crescido numa ilha deserta. Esse é o sentido profundo de *Robinson Crusoé,* de Defoe, e outros livros semelhantes.

A educação dada antes e durante a escolaridade é inteiramente baseada na transmissão às crianças dos resultados da experiência dos adultos. Pode-se chamar essa forma de educação de intelectualista. As escolas, como as universidades, não fazem na realidade outra coisa do que realizar contínuos exames psicotécnicos. Oferece-se às crianças, quer queiram, quer não, certo número de princípios e de conhecimentos, julgando-se-as pela maneira como reagem a isso. Esse procedimento demonstra claramente que se supõe como já existente a capacidade de reação e de participação ativa nas crianças que acabaram de entrar na escola, considerando-se essa capacidade fixada de uma vez por todas, imutável para sempre.

Quer se trate de transmitir conhecimentos intelectuais, quer se trate de ensinar esportes ou ofícios manuais, o ato educativo essencial dos métodos em vigor consiste, excetuando-se a ação corajosa de alguns mestres isolados, em fornecer à criança definições correntes de conceitos que se lhes pede guardarem mentalmente. Se a criança não reage da maneira desejada, se não percebe intelectualmente o que se lhe pede perceber, se não compreende o que se lhe ensina, conclui-se pela inconcebível leviandade de sua "falta de aptidão". Vê-se pois o quanto é importante preocupar-se com o desenvolvimento pré-escolar da criança e com o progressivo despertar de suas faculdades durante a escolaridade.

E que campo de impressões é mais favorável a esse efeito do que a música? Desde que dela se tenha uma concepção justa! Se se explica às crianças que a música é uma forma sonora e a prática instrumental uma questão de técnica mecânica, estar-se-á imitando os métodos puramente científicos praticados nas escolas. De modo algum combatemos o valor intrínseco desses métodos, ainda que seu caráter unilateral revista-se de perigos à juventude.

Mas por pouco que se tenha a coragem de explicar às crianças que aquilo que se chama excitação sensorial é na realidade reação psíquica, estar-se-á simplesmente despertando sua sensibilidade ante todas as formas imagináveis de impressões do mundo exterior, eliminando-se, com isso, dois coelhos com uma única cajadada. De um lado, desperta-se o interesse da criança para *todas* as impressões do mundo exterior; de outro, se lhes ensina a servir-se de seu poder de emoção, a guiar suas manifestações de maneira tão consciente e voluntária que se suprime, tanto nos jovens como nos velhos, o grave perigo da queda moral e espiritual devida ao reinado absoluto, anárquico e caprichoso das paixões. Dessa maneira, abrimos perspectivas e possibilidades que nenhuma outra via poderia oferecer ao ser humano.

Vê-se que não me divirto em menosprezar o ofício dos pedagogos. A pedagogia nunca se ocupou seriamente desses problemas. Permaneço no domínio da pesquisa científica.

Uma palavra sobre as questões subsidiárias colocadas pelo ponto de vista fisiológico. Já mencionei a inanidade e o perigo das tentativas de estabelecer um elo entre os exercícios de tempo e de ritmo e os movimentos do corpo, como na ginástica rítmica. Minhas afirmações sobre o assunto parecem contradizer-se com a descrição da série de experiências contida no primeiro capítulo desta obra. Não nos esqueçamos que é impossível falar com o bebê. Este possui reações psíquicas, mas não sabe ainda defini-las abstratamente. O único meio de comunicação que temos com ele consiste em imprimir movimentos em seu corpo. Tenhamos, porém, a certeza de que o bebê não tomará os exercícios como um treinamento de músculos e membros.

Bem diferente será a situação a partir do momento em que a criança aprende a conhecer os conceitos e suas definições. A partir de então, será perigoso relacionar a organização do tempo com as manifestações corporais. O que acabamos de afirmar parecerá grotesco, mas tentaremos explicá-lo: o perigo há pouco assinalado provém do fato de que as reações psíquicas são fisicamente funções do aparelho muscular. Eis a razão.

Se devemos conservar a expressão "órgão dos sentidos", o único que verdadeiramente merece esse nome, é o olho. O olho está em relação direta com o intelecto, sendo capaz, o único capaz entre os chamados órgãos dos sentidos, de perceber o espaço, quer dizer, as formas fixas. O olho vê as formas fixas, os fenômenos imóveis. É ultrapassado em seu poder na medida em que as formas se tornam móveis. O olho faz portanto exatamente aquilo que sabemos que o intelecto faz: constata a presença de formas e as fixa.

Infelizmente não me será possível levar mais longe a análise do fato de que os conceitos intelectuais comportam uma parte propriamente visual. Que as imagens do mundo exterior se refletem na retina está longe de ser a prova de que realmente vemos do exterior para o interior. As experiências fisiológicas contradizem cada vez mais essa concepção. Cada um pode refletir sobre essa questão pois sabe-se que podemos ter imagens, podemos imaginar um objeto exterior sem que esteja realmente presente, como se surgisse da nossa "visão interior", como se diz. Na realidade, encontra-se fixado sobre a retina. O olho é o órgão de reprodução. Encontra-se mais relacionado com o ouvido, o olfato, o gosto e o tato interiores, do que a orelha, o nariz, a língua e a pele.

Digamos, sem acentuar mais nossa posição, que todas as experiências pessoais indicam que o olho é, dentre os órgãos dos sentidos, o que trabalha do interior para o exterior, evidenciando totalmente que *sua ação procede diretamente do intelecto.* Quando perfeitas, as idéias são verdadeiramente imagens e formas elaboradas (e é somente sob esse aspecto que chegam a fecundar a atividade criativa). Enquanto os outros "órgãos dos sentidos" acolhem os movimentos, estes se materializam no olho, quer dizer no intelecto, sob forma de imagens fixas. A audição, o olfato, o gosto e o tato não acolhem *fatos,* mas somente acontecimentos.

O mundo circundante (e, num certo sentido, o próprio corpo faz parte desse mundo) só pode ser imediatamente percebido se a imobilidade dissolver-se em movimento. Nunca se atribuiu suficiente importância a essa constatação, dado que sempre se colocou, na escala de valores, a fixação conceptual acima do objeto dessa fixação, a saber, a reação psíquica. Mas as línguas nos indicam sua importância. A língua alemã, por exemplo, inclui, em sua origem para todos os fatos, expressões que indicam o movimento. O quanto pude observar, o mesmo ocorre nas demais línguas. Constatei-o até no idioma tibetano, que particularmente estudei.

É verdade que para se dar conta disso, será necessário redescobrir o significado original das palavras hoje em dia. A tendência predominantemente determinista, portanto intelectualista, dos últimos séculos mudou muito o sentido e a significação das palavras. Diz-se em alemão: "a montanha se eleva", "o vale se afunda", "a árvore estende seus ramos", "o céu se curva acima da terra", "o caminho serpenteia", "a casa se eleva sobre suas fundações", "a paisagem se estende", "a torre se ergue para o céu". Não se trata de simples "metáforas", a menos que se entenda por isso que o ser humano vivo, que é em si mesmo movimento total e perpétuo, somente pode chegar a perceber o imóvel sentindo-o como se se animasse de vida, empregando necessariamente para defini-lo imagens inspiradas na experiência do mundo circundante.

Mesmo aquele que não é dotado para o desenho ou para a escultura, ignorando tudo sobre essas artes, ao descrever a forma de um corpo, de um vaso ou de qualquer outro objeto, ao emitir um juízo sobre essas formas, fará um gesto apropriado, destinado a reforçar, a sublinhar o significado das palavras que lhe parecem insuficientemente expressivas. Todo julgamento estético sobre formas fixas supõe a faculdade natural e intata de seguir, ao recriá-las, todas as linhas dessas formas por meio de movimentos musculares interiores. Aquele que não o faz, encontrar-se-á essencialmente inibido em suas reações naturais.

É fato conhecido que todo movimento psíquico, toda impressão sobre a sensibilidade, toda emoção acompanha sua ação através do corpo inteiro. Atualmente existe muita gente que desconhece tudo sobre os pés ou sobre a cabeça ou, dito de outro modo, é incapaz de estabelecer localmente, com referência a partes isoladas do corpo, a relação entre o movimento físico e o movimento psíquico. Somente o artista é capaz de estabelecer relações de síntese nesse domínio. Mas, na medida em que é possível dar-se conta disso sem treinamento prévio, todo ser humano chegará à conclusão de que uma reação física inibida significa fatalmente a correspondente inibição da reação psíquica. Observe-se como as pessoas se comportam numa sala de concertos ou num teatro. Não permanecem sentadas da mesma maneira ao escutar Wagner ou Mozart. É bem conhecida a animação e a agitação exterior manifestadas pelo público dos espetáculos de variedades, de circo e de cabaré. No fundo, a imobilidade silenciosa numa poltrona, fruto da boa educação, só satisfaz aquele que aprendeu a comover-se interior e fisicamente sem se manifestar exteriormente, sem que essa imobilidade corra o risco de anular a própria emoção psíquica.

Enquanto o olho se revela direta e perfeitamente ligado ao intelecto, os demais órgãos dos sentidos encontram-se imediatamente ligados ao corpo em seu conjunto. O ouvido, ou melhor sua cavidade essencial, o vestíbulo, está em comunicação direta, pelo cerebelo, com o conjunto do aparelho muscular. Correspondências da mesma ordem podem ser constatadas em relação ao olfato, ao gosto e ao tato. Naturalmente, para se dar conta disso, é necessária uma educação individual apropriada. Todo odor age de maneira tão imediata sobre a postura de meu corpo, sobre minha "atitude", como toda impressão auditiva. Aquele que não percebe o gosto de um alimento com todo o corpo não será jamais um *gourmet*. A sensibilidade tátil não só encontra-se espalhada de igual maneira sobre toda a superfície corpórea, como também atua sobre o conjunto da atitude corporal, na medida em que se é natural ou que se tenha voltado a sê-lo.

Trata-se sempre de impressões motoras; não só afirmamos que suscitam reações psíquicas, como é impossível separá-las, seja lá como for, da emoção psíquica. Os efeitos negativos, perniciosos, provocados por esse estado de coisas na grande maioria dos seres humanos terão mais força probatória para as nossas demonstrações que os efeitos positivos obtidos num pequeno número deles. Com efeito, se o mecanismo íntimo dos quatro sentidos motores, dos que chamaria os sentidos vitais, não fosse como descrevi, os seres *sem cultura* se deixariam literalmente submergir pelas impressões exteriores, como o fazem sem cessar.

O que é a embriaguez em qualquer domínio que seja? Nada mais do que o fato de ser dominado, subjugado, aniquilado por impressões não importa de que natureza. O que é a inconsistência de caráter, a falta de vontade, a passividade ante a sedução, seja qual for sua origem, senão a conseqüência da ausência do espírito de observação, que tem por resultado o desconhecimento de que existe a faculdade de reagir frente a toda impressão, de que essa reação não é mais que uma emoção correspondente à impressão que a origina, seja ela física ou psíquica, e por fim de que sem uma educação apropriada e sem uma rigorosa disciplina de si mesmo, é impossível represar emoções — para não falar do poder de modelá-las, de transformá-las e de utilizá-las tendo em vista uma intensificação do nosso impulso vital, do aumento de nossa capacidade de trabalho, de produção e de criação.

Eis as verdades necessárias de serem conhecidas se se quiser emitir um julgamento válido sobre o dom das crianças para a música. Veremos mais adiante que isso é igualmente indispensável para a apreciação do talento e das possibilidades do amador adulto. As crianças que se deixam dominar, subjugar pelas impressões musicais são evidentemente bem dotadas, mas todo seu desenvolvimento musical encontra-se exposto a graves perigos. Conheci crianças que inevitavelmente choravam ao som de certos instrumentos, por exemplo, a trompa de caça. Não é só uma visão superficial da realidade, mas uma apreciação absolutamente falsa dessa realidade que permite falar, em casos semelhantes, de "excesso de sensibilidade". Como se todo verdadeiro êxito no domínio artístico fosse possível sem um excesso de sensibilidade! Uma coisa é certa: quanto mais sensível o ser humano, maior é a sua necessidade de se impor uma disciplina lúcida e rigorosa, devendo intensificar tanto mais a sua sensibilidade quanto mais longe e mais alto deseja levar seu êxito artístico.

A criança de maneira geral carecente de sensibilidade não apenas para a música, será incapaz de realizar algo válido, na medida em que lhe falta a sensibilidade. O que deveria ser do conhecimento de todos. Mas se se tornar sensível, isso nos parecerá mau, pois geralmente não sabemos como nos comportar diante da criança assim transformada, não saberemos literalmente o que fazer. A *sensibilidade incontrolada constitui um perigo muito grave: é a verdadeira causa de toda decadência.* Não sabendo como conciliar a presença da sensibilidade na criança com a necessidade do controle intelectual de suas atividades, os educadores preferem pura e simplesmente eliminar a vida sensível, o que provocará uma embriaguez em sentido inverso, tão perniciosa como a devida ao excesso de afetividade, pois a indiferença também é um sentimento, uma reação psíquica.

Até o presente falta-nos a educação da sensibilidade, a educação psíquica. Se se estuda a história dos povos do Ocidente e de suas personalidades dominantes, perceber-se-á como o problema da vida psíquica revestiu-se sempre de um caráter vivo através dos séculos e como foi sempre resolvido por meios inapropriados, como por exemplo em nossos dias a educação intelectual. Pense-se na satisfação com que os modernos pedagogos pronunciam a frase: "conseguimos excluir do ensino escolar tudo aquilo que se relaciona com a emotividade". No entanto, é exclusivamente à vida psíquica que se devem, de um lado, os êxitos máximos e, de outro lado, nos casos de atividades incontroladas das funções afetivas, os desvios e os crimes, tanto em indivíduos isolados como em agrupamentos humanos inteiros.

Dominar a sensibilidade é dirigi-la e utilizá-la de tal maneira que contribua para o aumento de nossas capacidades, e de nenhum modo constrangê-la até que desapareça. É justamente o intelectual puro que traz todos os sinais de uma verdadeira embriaguez da sensibilidade. Se sua incomensurável emotividade psíquica não é observada, é unicamente porque seus êxtases e suas euforias se aplicam exclusivamente ao domínio daquilo que é intelectualmente objetivo.

Em geral, nada se sabe sobre a própria vida psíquica. Querer analisá-la parece-me um empreendimento sem esperança. Na parte mais baixa da escala dos seres vivos, ela já é um cosmos, e, em razão de sua própria origem, o espírito. Jamais pude descobrir em mim um órgão capaz de analisar um cosmos. Ao contrário, *a clareza de sentimentos* é necessária e possível. Não achamos que a vida psíquica seja complicada, que careça de clareza, que enquanto permanece como tal resulta pouco clara para nós. Então como se ousa querer que a criança se interesse por música? Como se pode justificar que os amadores e os artistas se dediquem à música?

O caráter emotivo da música sempre foi reconhecido. Os povos nunca buscaram outra coisa nela do que a emoção. O considerável "progresso" verificado em nossos dias consiste em qualificar a música, de um lado, como um fenômeno que afeta unicamente a vida sensorial e, de outro, como puro jogo de formas sonoras. Mas as chamadas impressões sensíveis agem sobre a emotividade. O interesse suscitado pelo jogo das formas sonoras é o indício de que essas formas nos comovem interiormente.

Desde o momento em que se ousa analisar as próprias emoções psíquicas — o que é uma prova de coragem pois a análise pode implicar perigos mortais — perceber-se-á que sem a emoção psíquica a vida não existe. A partir daí, seria no fundo muito natural tentar que essa análise se fizesse com mais profundidade a fim de se conhecer a origem de toda a vida sensorial e intelectual, quer dizer, todos os fatores fisiopsicológicos do ser, chegando assim a dominá-los pouco a pouco, no lugar de tentar extirpar o diabo por meio de Belzebu, isto é, a vida puramente sensível pela vida puramente sensorial e intelectual, por aquilo que se nomeia a "posição objetiva." Isso não significa que eu considere o intelecto capaz de proceder a essa análise profunda e de chegar a esse resultado. Em todo caso, até agora o intelecto não se mostrou çapaz de fazê-lo. Penso que isso seria de preferência o dever de nosso poder espiritual. Não posso senão acrescentar que o espírito me aparece como o movimento original do ser, como o fundamento macrocósmico da emotividade. O que não significa que possamos confundir a vida psíquica com a vida espiritual, como tampouco o mundo das aparências com o intelecto. Tanto num caso como no outro, não se trata senão de um reflexo particular de uma realidade geral.

Somente se reconhecermos a possibilidade e a necessidade de uma educação da vida psíquica teremos o direito de continuar a propagar a educação musical. Já disse que uma educação musical bem apreendida pela criança era o melhor meio de mostrar-lhe como suscitar em si emoções originais, autênticas, de um lado, e como transformar, de outro lado, as emoções que nos assaltam do exterior. A fim de chegar a esse duplo resultado, é necessário provocar uma atividade ao mesmo tempo física e psíquica na criança.

A aprendizagem puramente mecânica de uma técnica será sempre um inimigo da música. É um atoleiro do qual a maior parte das vítimas do sistema nunca encontra a saída. Ao contrário, os movimentos da execução como expressão espontânea de um estado psíquico permanecem sempre um meio incomparável de introdução à música.

Tocar um instrumento é dançar com as mãos. Que no decorrer dessa dança os sons se produzam, é mérito do construtor de instrumentos. Tocar um instrumento é antes de mais nada transferir os movimentos de intervalo para os movimentos do corpo, dos braços, das mãos e dos dedos, e só em segundo lugar significa produzir sons pelo toque do instrumento. É interessante constatar como os instrumentos mais diferentes entre si permitem de igual maneira e, apesar de sua construção diversa, sentir nos movimentos dos membros a vida dos intervalos em suas relações conosco.

Quer desloquemos nossa mão sobre um teclado, do som mais grave ao mais agudo, em linha reta, num movimento lateral de esquerda à direita, quer a desloquemos sobre o braço de um violino, ou em geral sobre instrumentos de cordas percutidas ou dedilhadas, ver-nos-emos obrigados a levar incessantemente a mão do alto até abaixo para provocar sons cada vez mais agudos sobre a corda que segue aquela sobre a qual nós nos achamos, e que a linha das alturas sonoras, considerada em seu desenho espacial, se encontre assim constantemente interrompida, ou que sobre um instrumento de metal tenhamos que nos contentar com três ou quatro pistões para produzir toda a escala de sons, ou através de uma clarineta, de um oboé, de um saxofone, etc., devamos utilizar com o mesmo objetivo toda uma série de orifícios e um grande número de chaves e anéis, a relação entre o movimento dos intervalos e os gestos do executante é sempre evidente, podendo-se deduzir a forma e a sucessão dos intervalos da forma e da sucessão dos gestos.

Para começar, evidentemente não se tratará de guiar a criança ou mesmo o amador para esse estado de espírito específico, para essa esfera particular de sentimentos que estão em estreita correlação com determinada peça de música. Para se transportar a esse estado de espírito, para assinalar sentimentos dessa natureza, será preciso primeiro que a atividade musical em seu conjunto esteja em relação tão imediata como indissolúvel com a própria vida da afetividade. Como em certos indivíduos essa relação não existe, não é de espantar que duvidem da existência de um conteúdo psíquico da música, repelindo a idéia como "essencialmente estranha à música", como "artificialmente transplantada para o domínio da música", ou ainda se arrogando o direito, cada vez que escutam uma mesma peça, de se permitirem governar, a seu bel-prazer, por estados afetivos muito diferentes entre si.

É uma questão de educação e de refinamento saber escolher numa perfumaria o perfume apropriado a determinado uso, a determinada circunstância ou saber distinguir os vinhos de procedências diversas. Nesses casos, o que não conhece sorrirá sempre das "pretensões" do conhecedor e com razão, sob o seu ponto de vista; poderá afirmar que o suposto conhecedor é simplesmente alguém que imagina conhecer as diferenças entre o valor e as características dos produtos considerados.

Se existe uma faculdade relacionada com a música que deverá ser exigida na criança e no amador no qual ela se transformará mais tarde na maioria dos casos, é antes de tudo a que consiste em reagir psiquicamente aos intervalos, às suas características, às suas particularidades e às suas diferenças, com a mesma vivacidade de espírito e a mesma sutileza com que reage ante os outros fenômenos diferenciados do mundo exterior. Indagar-se-á, além disso, se a música será de interesse durante muito tempo à criança ou ao amador se não existir essa faculdade. As pessoas que fazem música para se destacarem no plano da virtuosidade constituem, na verdade, uma espécie ainda mais rara e não são muito felizes. Por outro lado existem muitos músicos profissionais e pretensos artistas que sofrem da mesma doença. Infelizmente são justamente estes que chegam a convencer os auditórios incapazes de emitir um juízo válido na matéria, de que o que fazem tem alguma relação com a arte.

O estado psíquico para o qual a música, ou seja, cientificamente falando as relações entre os intervalos, transporta a criança e mais tarde o amador é o único fundamento sólido, a única premissa válida para o exercício pessoal e autônomo da música. Dado que é impossível imaginar a vida excluindo-se a emotividade — poucos seres humanos chegam ao estado da verdadeira lucidez espiritual — não nos resta outra coisa senão disciplina-la, organizá-la, civilizá-la, para nós mesmos, nossos filhos e, para não permanecermos isolados, igualmente para nosso meio ambiente. Vale dizer: será preciso aprender a ordenar as emoções, a discipliná-las, a despertar, num momento dado, exatamente a emoção psíquica de que necessitamos para as nossas atividades. A essa finalidade está dirigido o trabalho em cujo centro se encontra o conjunto dos problemas colocados pelos intervalos, ou seja a percepção, a assimilação psíquica dos mesmos, sua reprodução pelo canto, sua transposição para os instrumentos, por meio da dança manual, das emoções motoras que a música em nós suscita.

Naturalmente, não se trata de se contentar, como ocorre freqüentemente, *em ouvir música ou mesmo executá-la para atingir um certo estado.* Propriamente falando, isso significaria o mundo às avessas. Se a apercepção da música, isto é, as relações entre os intervalos, é suscetível de nos despertar, a vida pessoal, a consciência de si, a independência só começam a existir verdadeiramente no dia em que formos capazes de *criar* por vontade nossos estados psíquicos, ou melhor dizendo, nossas emoções. *É nisso que consiste a verdadeira educação.*

Os seres humanos deverão se preocupar sempre com suas próprias vidas, pois é impossível viver a extensão e através da vida dos outros. O chamado egoísmo, ou ainda o individualismo, não é pernicioso senão quando nos deixamos guiar sem freio por nossas impressões, pois toda nossa lamentável atividade consistirá, no melhor dos casos, na busca de impressões adequadas a nossos desejos e na recusa das que não nos convêm.

O egoísmo ou o individualismo adquirem um aspecto totalmente distinto a partir do momento em que os entendemos como uma educação de nós mesmos para chegar a um domínio cada vez maior de nossa vida interior, física e psíquica. Vê-se que ao apoiar a posição corrente, deverei opor-me à atividade musical das crianças e dos amadores e colocando-me na posição aqui desenvolvida poderei recomendar-lhes que, ao mesmo tempo, escutem e façam música. No capítulo sobre o amador explicarei como nesse domínio se poderá fazer duma necessidade uma virtude.

Uma coisa parece ter ficado clara, ou seja, que é difícil julgar acerca dos dons da criança e que, freqüentemente, é melhor abster-se de fazê-lo. O ser humano recolhe inumeráveis impressões nos seis primeiros anos de vida, bem mais numerosas das que haverá de recolher, apesar de todos os esforços, em todo o resto de sua existência.

A tentativa de análise dessas primeiras impressões, de classificação e de caracterização, só ficará na superfície. O que é fundamental, ao contrário, é cuidar para que a criança aprenda a assimilar suas impressões de maneira correta e eficaz.

Tudo procede da observação de si; são as experiências dessa ocasião, e somente elas, que permitirão que se aprenda a observar os outros, no caso, as crianças. Essas experiências nos tornam muito prudentes quando se trata de extrair do comportamento da criança conclusões que poderiam ser prematuras. O comportamento do ser humano indica somente as aquisições e os êxitos de seu passado, não contendo indícios sobre o que poderia ser o seu desenvolvimento no futuro, se se conseguisse avivá-lo mais, suscitando-lhe a faculdade de despertar-se a si mesmo de maneira mais profunda e mais completa.

Um exemplo mostrará como *tudo* deve se transformar em movimento, tanto para aprender, como para ensinar — pois nossa vida não é outra coisa que movimento. Habitualmente ouve-se dizer: pressiona-se a tecla do piano pela força ou impulso de um dedo ou do braço. Colocando esse problema às crianças-prodígio (existem mais do que se possa imaginar), todas dirão ter a sensação de que a tecla desce sozinha, e que não fazem mais do que acompanhá-la com os dedos. O pequeno violinista-prodígio tem a sensação de que a altura de uma determinada nota se encontra num ponto preciso, atingindo então essa nota ao dedilhar a corda naquele preciso ponto. O arco desliza ao longo das cordas: a arte consiste em seguir sua mão, sem travá-la em sua ação. O pequeno cantor não tem em absoluto a sensação de que necessita respirar para cantar ou tomar alguma iniciativa pessoal para fazê-lo, mas ao contrário, tem a impressão de "cantar" muito naturalmente, sempre que se ponha no conveniente estado de espírito para o caso.

Tente o leitor imaginar, partindo dessas premissas, a criança tocando piano, violino, instrumentos de sopro ou, ainda, cantando. Reconhecerá que ela é mais perspicaz que o adulto. A representação intelectual de um instrumento morto, que é preciso primeiro fazer funcionar, se se quiser que ressoe, não é propriamente utilizável na prática. Só a idéia de que o instrumento soa, pode ser tocado, movimentado, tão incompreensível ou absurda que se possa julgá-la no plano intelectual, suscita os movimentos do corpo apropriados ao instrumento e, o que é mais importante, aqueles que permitem a exteriorização de estados emotivos.

Não necessito insistir aqui no fato de que a atividade musical, realizada segundo os princípios indicados, exerce, em razão do valor genérico das faculdades que desperta, uma influência imediata sobre a totalidade do comportamento na vida. As experiências, levadas a cabo amiúde durante vários anos com as mesmas pessoas, provocam sempre um aumento geral no desenvolvimento, na vitalidade, na faculdade de percepção em todos os domínios e uma intensificação da atenção frente a qualquer objeto. É tão certo que o fato dos indivíduos ganharem em aptidões em todos os demais domínios da vida fora a música era para nós a prova da exatidão dos nossos procedimentos, a ponto desse desenvolvimento vital geral nos liberar de toda preocupação a respeito da maior ou menor velocidade com a qual progredia o desenvolvimento especificamente musical.

Ocupando-nos também, por princípio, de pessoas notoriamente desprovidas de senso musical, constatamos que nelas o despertar para a música não poderia se produzir e o talento, o dom só começariam a se manifestar depois que a série de nossas experiências lhes tivesse suscitado uma notável intensificação de suas faculdades em outros domínios. Mais ainda, não nos sentíamos muito satisfeitos quando a evolução musical se revelava mais rápida do que a evolução geral, principalmente nas pessoas dotadas ou muito dotadas.

Como a educação musical bem apreendida atua sobre as faculdades gerais da criança, a evolução favorável dessas faculdades atua por sua vez de maneira benéfica sobre a atividade musical. Claro está que, em alguns casos, os nossos esforços fracassaram. Mas em todos eles tratava-se, sem exceção, de crianças ou adultos que, sem que soubéssemos desde o princípio, apresentavam defeitos orgânicos ou encontravam-se submetidos a influências cuja origem não podíamos discernir a fim de combatê-las. No ser humano organicamente sadio existe sempre a possibilidade de despertar as consciências — pois acreditamos haver várias — por mais travadas que tenham estado antes.

A importância geral da educação musical provém em especial do fato de que nesse tipo de atividade a assimilação e a ação pessoal propriamente dita podem ser praticadas simultaneamente, de uma maneira absolutamente perfeita e total, mais do que em qualquer outro domínio. No instante em que é maltratado, o instrumento grita. Eis pelo menos um caso em que a conseqüência de nossos atos aparece imediatamente. Toda falta se paga em seguida; essa é a inapreciável vantagem da música. Como evidentemente todos os homens não são músicos, o fato de uma atividade musical bem apreendida despertar faculdades que facilmente se *generalizarão*, coloca essa atividade na primeira fila dos jogos sérios da criança, como também dos trabalhos mais importantes que a criança e o amador adulto realizam por prazer e jogando.

CAPÍTULO V

DO DIFÍCIL AO FÁCIL

Sob a condição de não ter sofrido influências pré-natais nocivas, a criança trará consigo um interesse inextinguível pela pesquisa em todos os domínios da vida. Ouvirá espontaneamente música colocando-se sob o ponto de vista daquele que se pergunta: "Como se faz para chegar a isso?" Se ela encontrar a resposta adequada a essa questão, nascerá nela uma "alegria de fazer música", que durará toda a sua vida. É certo que no mais das vezes e, nas últimas décadas, de forma mais plena e irremediável, a criança é introduzida no domínio da música de tal maneira que pouco a pouco vai perdendo todo o desejo de praticar essa arte. Por exemplo, costuma-se mostrar-lhe apenas algumas teclas de todo o teclado. A criança vê diante de si 88 teclas, mas só irá tocar 5, ou, quando muito, 10 teclas. O princípio mortal, segundo o qual é preciso proceder, em matéria de educação, do fácil ao difícil, igualmente triunfa no ensino da música. Outro princípio assassino é o da "tensão e relaxamento".

A vida da criança mostra, tal como a dos pioneiros da humanidade, que só o difícil atrai, excita e prende, e que o fácil se aprende por si só e subsidiariamente. Do mesmo modo, a natureza não coloca o recém-nascido primeiro diante da cor verde até que a assimile, depois diante do vermelho e, um ano mais tarde, diante do amarelo, e, ainda um ano depois, diante do azul etc. Pelo contrário, a natureza lança-o simultaneamente em meio a milhares de impressões as mais diversas, inexistindo o escopo de se facilitar a tarefa aos seres vivos. *Na realidade, cada ser vivo é dotado de habilidades em diferentes terrenos,* e o que a criança sabe fazer mal lhe importa. O que é comprovado pelo fato de que tudo o que faz torna-se inconsciente para si. Afirmar que a criança é curiosa, significa dizer demasiado. A criança tem sede de atividades.

Nenhuma criança aprenderia sua língua materna, se se procedesse como no ensino de línguas estrangeiras. Nenhuma criança aprenderia a andar, se se aplicasse, para chegar a esse resultado, os métodos habituais do ensino de ginástica. O meio mais seguro de iniciar-se na música é o exercício que cada criança inventa consistente em repetir as escalas sonoras com cada dedo isolado.

A posição da criança em relação à música não é necessariamente a mesma que mantém em relação ao exercício da música. A execução através de um instrumento exige antes de mais nada a descoberta pelos dedos das posições adequadas, o que não tem nenhuma relação com a impressão que a música provoca na criança, como já indiquei precedentemente.

Pegávamos os cubos com que a criança brincava, colocando-os em uma ou várias filas e fazíamos com que ela os tocasse, um após outro, cada vez com dedos diferentes. Depois fazíamos com que os tocasse saltando um a cada dois, em seguida, dois a cada três, etc., fazendo-a mudar de mão. Mais tarde, dispúnhamos os cubos à maneira do teclado do piano, colocando os cubos negros um pouco mais atrás e mais acima, fazendo com que a criança repetisse o exercício até que reconhecesse o retorno à mesma tecla. Contávamos em voz alta de um até doze tantas vezes quanto fosse necessário, para que aprendesse a contar os tons de uma oitava. A partir desse momento, era uma brincadeira — não há outra expressão — fazer a criança tocar tomando como ponto de partida uma tecla qualquer, o 1.º, o 3.º, o 5.º, o 6.º, o 8.º, o 10.º e o 12.º graus da oitava; chegávamos, então, à escala maior. Não terá sentido começar o ensino do piano sem essa preparação. Existindo ela a criança terá muita alegria ao produzir sons no momento em que tocar as teclas.

Partíamos do seguinte princípio fundamental: é impossível ir da compreensão musical ao exercício da música, dado que este requer faculdades e atividades de observação que nada têm a ver com ela. Deseja-se ensinar a criança a fazer música esquecendo que ela deve primeiramente saber fazer tudo aquilo que torna possível fazer música. É desalentador e enervante tanto para a criança como para o adulto trazer de antemão a música dentro de si, devendo fazer mil coisas que ainda não sabe fazer e que não fazem mais do que arruinar a música. Adotando-se o método consistente em ir da música ao exercício, a criança adquirirá uma técnica puramente mecânica, sendo necessária, num futuro, uma vontade férrea para retornar um belo dia dessa técnica à música. Começando-se por dar as costas à música, ensinando a criança primeiro o domínio do teclado, como acabamos de dizer, só a colocando em contato com o teclado sonoro quando tenha aprendido a *pensar* com rapidez e segurança na mudança dos dedos e em todas as classes de combinações das teclas, a própria técnica brotará do interior da música e com ela se fundirá.

Os pais das crianças-prodígio relatam unanimemente que no começo seus filhos não tocam quase nada ou não tocam em absoluto piano, violino ou flauta, mas que se entretêm observando como os outros tocam e contemplando durante horas o instrumento. Depois, um belo dia põem-se a tocar, sabendo fazê-lo de imediato.

Quando menino, criei canários. Dentre pássaros jovens procurava um pássaro cantor que emitisse seus trinados durante o dia todo para servir aos outros de exemplo. Decorrido um ano todo, os pássaros jovens não lançavam um único som. Depois, começavam a emitir sons muito doces, isolados, *staccatissimo,* ainda que tivessem ouvido de seu mestre longos trinados ininterruptos. Isso durava alguns meses até que um belo dia todos começavam a cantar de maneira notável e aparentemente sem nenhum exercício prévio.

Passei os anos escolares num internato onde a disciplina era das mais severas; não tinha o direito de penetrar na sala de música porque não estudava música. No recreio, rogava aos colegas que me ensinassem as notas e me pus a ler o livro de cantos escolares do começo ao fim, tantas vezes quantas considerei necessárias para aprender as notas. Depois, consegui diversos instrumentos de sopro, mas não tinha o direito de emitir um som sob pena de provocar a ira do diretor da instituição, célebre pelo seu sistema pedagógico. Enfiava um lenço na trombeta, no trombone ou na trompa de caça, soprava ligeiramente a flauta, indo me esconder no canto mais distante do conjunto de edifícios para aprender.

Depois, tentei ensinar os colegas a fazerem música. Os que já a estudavam me repeliam naturalmente com altivez, devendo me contentar com os outros, os não músicos. Fizeram para aprender o que eu havia feito. Pus-me a conseguir um certo número de flautas, as que tinham pelo menos 7 belas chaves de prata, assim como clarinetas etc. Tocava com os camaradas sem emitir nenhum som, simplesmente manejando as chaves; no máximo emitíamos uma nota por acaso, quando não havia ninguém nas proximidades. Os professores sorriam, ficando contentes por nos verem ocupados, pois éramos 70 diabretes de idades muito variadas.

Claro que não nos limitávamos à escala de dó maior. Nenhuma criança o faz, a menos que seja obrigada; pelo contrário, tocávamos qualquer melodia que encontrássemos, em todas as tonalidades. Depois, dediquei-me a ensaiar para nossa pequena orquestra, canções, marchas e, mais tarde, sonatinas de Clementi, Kuhlau etc.; ficávamos loucos de alegria quando cada um de nós pressionava a chave certa no momento oportuno.

Não se falava em sermos considerados músicos dado que não gozávamos de nenhum aprendizado musical. O que fazíamos proporcionava um puro prazer técnico; de repente, éramos mestres de um campo onde podíamos nos divertir sem entraves e encontrar algo por nossos próprios meios. Até que um dia tivemos a coragem de nos reunir e tocar de maneira que nos ouvissem. O resultado foi que a partir desse momento cada vez que o diretor recebia convidados devíamos executar música ambiente. Vinte anos após falava-se ainda de minha pequena orquestra não somente na escola mas por toda a cidadezinha. Foi então que aprendi, observando bem — sem que nenhum de nós tivesse direito de penetrar nas salas onde se encontravam os pianos, pois não recebemos instrução musical — *como a criança se comporta diante da música, não a impedindo de fazê-lo a seu arbítrio e começando a educação musical pelo bom caminho.*

Se me perguntarem hoje como se comportam as crianças ante a idéia de fazer música — e este comportamento é geralmente positivo, sendo-o cada vez mais à medida que aprendem a conhecer os "truques" que servem para suscitar os sons — posso responder: *as crianças só conseguem compreender a atividade musical quando tudo o que é tecnicamente necessário para realizá-la chega a ser bastante familiar para elas antes de que produzam o primeiro som.* Isso é tão verdadeiro, que as chamadas crianças musicalmente dotadas só na realidade o são tecnicamente. Daí provêm a maneira desanimada, inexpressiva, de fazer música em nossos dias e o desprezo pela música "com tema".

Abarcar num golpe de vista o manejo de um instrumento de cordas, fazer sua síntese mental e imaginar-se tocando é um exercício elementar. E o exercício elementar encontra seu lugar no ensino elementar. Que o leitor responda à questão de saber por que as crianças têm pouca vontade de estudar e por que essa pouca vontade ainda diminui na maioria das vezes em cadência acelerada à medida que o tempo passa. A nossa concepção insuficiente, falsa inclusive, do ritmo, tem como resultado privar a criança do estímulo necessário aos seus estudos.

A criança que aprende a andar cai cem vezes por dia e volta sempre a se levantar. Tem-se a impressão que o ato de se levantar a interessa e a diverte muito mais do que manter-se em pé e caminhar. Seria preciso construir para os adultos cadeiras de tal forma grandes que seu peso e sua massa correspondessem proporcionalmente às cadeiras que a criança arrasta ao longo do dia pela casa, pedindo-lhes que fizessem o mesmo com suas cadeiras maiores. A criança escolhe sempre a dificuldade, tenta sempre fazer o que não sabe, o que apresenta problemas para resolver. O princípio pelo qual se procede do ensino musical partindo do fácil para o difícil prejudica de tal forma a posição inicial das crianças frente à música que será impossível formular um juízo válido a respeito de suas disposições antes de haver-lhes permitido organizar sua aprendizagem de acordo com suas idéias. Claro que não se trata de estimular por esse motivo uma atividade puramente diletante, como se costuma ver hoje em dia. A iniciativa permitida às crianças deve necessariamente caminhar sempre paralela com uma educação sistemática de suas atividades gerais.

Ir do fácil ao difícil equivale a fazer a criança executar sempre apenas o que é fácil. Dessa maneira, ela nunca se verá diante de uma verdadeira dificuldade para resolver. Depois nos espantaremos de que a juventude não tem mais nenhum desejo, ou melhor, mais nenhuma possibilidade de abordar algo difícil. Culpa-se a falta de talento ou de vontade. As crianças detestam a "progressão metódica" de exercícios em todos os campos. Cada vez que me traziam um mau aluno a fim de que o repreendesse pelo seu trabalho escolar, dizia-lhe entre quatro olhos: "Caro aluno, leia seu livro várias vezes, de ponta a ponta, procure também livros das classes superiores à sua. Retenha o que compreendeu e volte a ler, pois assim compreenderá mais. Você sabe bem que se não tiver desde o começo uma visão de conjunto do que queira fazer, não fará nada de bom. Sobretudo, não deixe que vejam na escola que já sabe o que se passa no conjunto e deixe a seu professor a alegria de comprovar que você compreendeu rápido, dominando facilmente o que de você é exigido; em compensação, ele lhe proporcionará o prazer de aprová-lo nos exames e passá-lo de ano. Leia também outros livros de história e de geografia além dos seus, e assim em todas as matérias. Só se sabe o que um livro transmite quando se tenha lido outros livros."

Como a criança poderá se interessar por detalhes cuja utilidade desconheça? Um sustenido ou um bemol por ano! É evidentemente um absurdo que se gastem catorze anos para ensinar à criança todas as escalas. Se souber contar de um a doze — ela o fará com 4 anos de idade, se se contar todos os dias diante dela de um a cem e de cem a um — então saberá encontrar a primeira, a terceira, quinta, sexta, oitava, décima e décima segunda tecla a partir de qualquer uma: um dia é o suficiente para que aprenda. O princípio fundamental deve ser o seguinte: desde o início, é preciso apresentar à criança algo que se lhe imponha, senão ter-se-á a certeza de que não gostará de escutar nem de fazer música, sem contar que um belo dia chegue a pensar não ser dotada para a música.

Da atividade: Ter vontade de fazer algo por si mesmo é a mais bela faculdade do homem. Feliz daquele cujas reações ante as inumeráveis impressões exteriores que o assaltam não o impedem de conservar sua própria força criadora. É verdade que cada criança deve ser iniciada de maneira diferente no exercício da atividade desejada pelos pais. A esse respeito, é sintomático que todos os meus colegas de escola pretensamente dotados para a música se indignassem ante a idéia de terem que começar por dominar a visão de conjunto de seu instrumento sem produzirem o menor som. No entanto, foram os garotos de minha orquestra que aprenderam a fazer música. Os que tinham lições de música nunca lhes representaram séria concorrência.

As crianças só chegam a *deleitar-se* com a música quando se lhes deixa devorar algumas peças musicais cuja repetição indefinidamente renovada lhe permite acabar por viver com a ilusão de que sabem algo. *É de se notar que, primeiramente, as crianças sentem prazer em fazer funcionar o instrumento e só mais tarde esse prazer é transferido para a música.* O método do ensino progressivo representa um vício que consiste em se deixar levar passivamente, sem nenhuma reação pessoal.

As crianças se comparam entre si e comparam os resultados que obtêm com os êxitos cujo nível é o mais elevado entre todos aqueles dos quais têm conhecimento. São esses êxitos que lhes causam maior impressão e toda sua atividade pessoal tenderá a alcançá-los; os objetivos mais modestos que se lhe podem propor diminuem sua constância, energia, tensão interior.

O método comum consistente em fazer a criança "progredir progressivamente" aumenta com a força de uma avalancha o seu sofrimento por não saber fazer o que os outros sabem. Esse sentimento de impotência se transforma constantemente em *avidez* de saber algo, de chegar a um resultado custe o que custar. Todos os que triunfaram sabem que essa espécie de avidez é o melhor meio de obstruir para sempre o caminho do êxito. Como todos os defeitos e vícios — por exemplo a preguiça, a inconstância e a desordem — também a avidez não é mais do que um *efeito* que desaparece por si mesmo quando a criança reconquista a liberdade de uma atividade normal. Aquilo do qual a criança não pode fazer uma primeira síntese carece de sentido para ela. É nesses casos que lhe falta constância, cansando-se facilmente, perdendo o desejo de fazer o que tem de fazer. Então, como de todos os modos se lhe obriga a estudar, estuda, sim, mas mecanicamente, sem força, ordem e disciplina.

Espero ter conseguido provar mediante estes últimos parágrafos, pelo menos de forma sumária, que as opiniões correntes sobre o comportamento das crianças com relação ao exercício musical baseiam-se apenas nos efeitos, sem se ocuparem da origem dos defeitos ou dos fracassos. Penso até ser completamente inútil emitir opinião sobre o comportamento da criança num momento dado. Só podemos formular um juízo válido acerca do seu comportamento frente à música, se soubermos como se efetuou sua evolução, que método de ensino lhe foi aplicado e se se nos apresentar a ocasião de corrigir os erros que possam ter sido cometidos.

Minhas pesquisas e o método que delas resultou encontram agora aplicação no exercício da música e no seu ensino há três gerações. O ser humano só pode dizer algo válido se baseado em suas próprias experiências; o restante me parece carente de sentido e sem vida. As experiências que pessoalmente pudemos realizar tendem para a mesma conclusão: em princípio, todas as crianças manifestam profundo interesse pela música e, possivelmente mais profundo ainda, pelo seu exercício. A proposição fundamental colocada como entrada no começo desta obra, a saber, que devemos restabelecer o *status nascendi* se quisermos chegar a um resultado definido, parece-me demonstrada. Todos os seres humanos perdem no transcurso de sua vida uma parte imensa de suas faculdades naturais. E a educação de si tem muito a realizar ao tentar colocar o indivíduo no nível das faculdades de apercepção e vontade criadora que era o seu no momento de sua entrada no mundo.

Sem este trabalho preparatório, toda opinião emitida sobre a criança ou sobre o adulto poderá no máximo referir-se ao grau de frustração a que chegou o indivíduo considerado. A constatação da existência dessa frustração e seu grau de gravidade não conduzirá a nada, pois todo esforço tendente a fazer o indivíduo progredir para além do estado momentâneo daí proveniente será estéril, engendrando apenas resultados ilusórios. É preciso antes de mais nada possibilitar às crianças a plena noção de sua própria responsabilidade, colocando-as em condições de penetrar por meios pessoais a essência das coisas, adaptando-as, para tanto, organicamente, fazendo a essência parte de si mesmas. Devemos combinar o método autodidático com o científico. Só a educação de si mesmo será eficaz, pois é a única que faz aparecer as faculdades ocultas. Longe de depreciar as tendências autodidáticas, convém, pelo contrário, formar e desenvolver as crianças com a ajuda do método científico. *Ser científico, nesse sentido, quer dizer: livrar os processos autodidáticos de todas as eventualida-*

des, de todas as tendências unilaterais, de todas as falhas que possam encerrar até que se tornem um verdadeiro sistema de trabalho exato e completo. Por que não considerar o método autodidático como didático a ser levado cientificamente a sério? Todo método didático é uma tática, nada mais que isso.

CAPÍTULO VI

O AMADOR

Os amadores podem ser divididos em três categorias: os que fazem música, os que a fizeram no passado e os que simplesmente a ouvem. Nas três categorias encontram-se excelentes conhecedores, verdadeiros especialistas em matéria musical.

É o público que propõe ao artista seu objetivo. Só personalidades excepcionalmente fortes podem suportar durante muito tempo a perseguição de um objetivo sem encontrar eco às suas atividades, seu ideal, entre seus contemporâneos. O sofrimento engendrado pela solidão dos que sabem verdadeiramente fazer alguma coisa, como ocorre com as grandes personalidades, é infinitamente mais agudo que todo sofrimento proveniente de uma insuficiência ou ausência completa de possibilidades, de faculdades. A esperança de um futuro compensador de nenhum modo constitui estímulo à vontade de ação e de criação. O homem que reflete sente como restrição, não somente frente aos seus contemporâneos, mas também frente a si mesmo, o fato de que mais tarde, quando já morto, existirão pessoas que o compreenderão e reconhecerão suas obras. O artista só pode valer-se da simpatia de seus contemporâneos, do alento de um público reconhecido e caloroso, para a confirmação necessária do valor dos objetivos que se propôs a alcançar.

O artista sem público é como um som sem o quadro da harmonia. E o que é um som sem o quadro da harmonia? Quanto mais original, único em seu gênero, particular em suas obras for o criador, mais se separará do mundo circundante para viver unicamente em função de seu objetivo e mais necessidade terá de retomar contato com esse mundo; essa necessidade poderá se tornar numa dolorosa exigência.

O amador é o mais importante dos fatores de cultura. Os fazedores de sons podem ser poucos; seus amplificadores poderão e deverão ser numerosos. Até que ponto o público é necessário ao artista deduz-se do fato de que um só ouvinte de boa vontade, entre centenas que ocupam as poltronas da platéia, é capaz de galvanizar o artista, fazer com que ele dê o melhor e o máximo de si. Instintivamente, o artista busca na sala o ouvinte capaz de dar-lhe esse estímulo, sentindo-o de imediato se num lugar qualquer, ainda que na última cadeira da galeria, haja alguém capaz de "ressoar", no sentido positivo do termo. Sempre, aliás, os grandes artistas do mundo advogaram por uma generalização da educação das massas das quais recrutam seu público.

Quanto menos a pessoa se educar, menos exigência fará em relação aos seus contemporâneos. Nem sequer surgirá em sua mente a idéia de exigir-lhes mais do que lhe dão; ficará antes pouco à vontade, como com alguma indiscrição, em relação a todos os dons espontâneos que ultrapassem a média medíocre à qual está habituada. Em compensação, como é decepcionante, como é terrível ter desenvolvido faculdades de valor humano universal e não encontrar alguém que compreenda!

Buscar a originalidade a qualquer preço é sinal de mesquinharia e estreiteza de espírito. Tender para a expressão do universal humano, eis a verdadeira grandeza. Essa é a única tendência que faz o grande homem ser grande. Tender para a originalidade é a loucura de um espírito limitado. A tolice consiste justamente em não saber que a originalidade pessoal está sempre presente, constituindo no fundo um inconveniente, uma limitação. É por isso que o verdadeiro artista sempre sorri quando é elogiado, pois o que o espíritó medíocre toma como personalidade é, na realidade, outra coisa. A personalidade não é a própria pessoa, o que ela tem sido, em suas particularidades, no que a diferencia do resto da humanidade, mas a síntese de todos os seres humanos cujas particularidades se incorporaram ao ser do artista em virtude da impressão profunda que sobre ele exerceram. As grandes personalidades são, na realidade, sínteses complexas de personalidades. O verdadeiro "eu" não é a personalidade mas aquele que a cria. Por isso, a formação da personalidade é um dever do "eu". Muitos seres humanos retrocedem ante a realização desse dever vital, o que equivale a dizer que se identificam de uma vez por todas com o que são espontaneamente. Mas se existe um pecado é o da resignação, que se castiga com a condenação eterna.

Dever-se-ia anunciar por toda a parte a boa nova da onipotência imanente a todo ser, pois, cedo ou tarde, a resignação suscita o inextinguível sofrimento de haver fracassado na vida. Que se volte apenas aos mais velhos, que se tente somente ganhar-lhes a confiança, aprender-se-á com os adultos que não suprimiram, por instinto de conservação, mesmo o mais leve indício de sua memória, que o maior pecado é o da omissão, o verdadeiro pecado imperdoável contra o Espírito Santo e que se paga fatalmente primeiro com a impotência, depois com o sentimento aterrador de haver-se destruído a si mesmo.

Se quisermos ter amadores, será preciso encorajar a tendência natural do homem de se despertar dentre os mortos. O poder de perceber, reconhecer, amar aquilo que nos supera, é o indício certo da existência da faculdade que cria o que nos supera, isto é, o que percebemos, reconhecemos e amamos. Diz-se que o homem é aquilo que pensa. É exato se por "pensar" se entende "sentir conscientemente". "Pensar" significa encadear conceitos por meio de movimentos psíquicos. "Pensar" é lógico em si. A lógica é o sentimento estético das relações entre as relações. *O verdadeiro amador é aquele que sente florescer em si o mundo que outro cria, no momento em que o cria.* O amador terá mais valor quanto mais se preocupar com esse mundo novo que sentiu nascer em si e quanto mais evitar cair novamente numa vida interior mais estreita, mais limitada.

Pela leitura dos capítulos precedentes ter-se-á constatado que atribuímos relativamente pouca importância ao valor momentâneo do ser humano; o que nos importa sobretudo é saber que possibilidades tem de despertar em si faculdades de ordem elevada.

Consideremos primeiro o amador que nunca fez música. É o amador por excelência. Tem sido posto em dúvida o fato de que alguém que nunca tenha feito música, possa compreender algo da música. *Mas, o que é exatamente "fazer música"?* Não é em absoluto tocar um instrumento, cantar ou dançar. Essas são atividades corporais que se poderiam realizar sem a produção de nenhum som. Sabe-se que existem as leis da técnica. Cada instrumento possui feição particular. As características da arquitetura corporal são sempre as mesmas. Dominar um instrumento nada tem a ver com a produção do som e ainda menos com o ritmo musical. O que é importante é o que se faz indo de uma tecla a outra, já é um pouco "fazer música". Em si é silencioso o que torna a pessoa apta a fazer música: é uma atividade psicofísica interior.

Existe até canto mudo. Como explicar o fato de que se "descubram" vozes, de que os que se tornaram os melhores cantores são os que jamais cantaram no início e de que um dia se descobriu por acaso que eram capazes de produzir sons maravilhosos? Estes, no entanto, "formaram" sua voz! Evidentemente através do canto interior. Pode-se ser dançarino sem jamais movimentar um membro. Se gozamos de boa saúde e nosso organismo funciona normalmente, os músculos estão em movimento de maneira permanente e total, mesmo se permanecemos exteriormente em estado de imobilidade absoluta. *Portanto, a execução não é senão o efeito exterior de uma constante atividade musical interior, a única verdadeira.* Aquele que não tem atividade musical interior nunca fará música, a despeito de toda aquisição técnica e de todo virtuosismo. Os músicos silenciosos são os mais eficazes servidores da arte.

A verdadeira atividade musical é uma total reação física e psíquica ante os fenômenos motores da música. É por isso que, às vezes, o amador é melhor artista do que os que brilham sob essa auréola diante do público. Claro que é preciso *ter feito* música para ser receptivo a ela. Segundo o que ficou dito, fazer música é um fenômeno puramente interior e não tem, para começar, nada a ver com qualquer atividade exterior. Se assim não fosse, como nasceriam os talentos, os dons criadores, como se costuma dizer? Criar música supõe evidentemente que ela exista primeiro interiormente. A obra não surge só a partir do momento em que é escrita ou executada.

Às vezes — é verdade, raramente, o que é lamentável — o amador encontra-se mais próximo do músico criador, da composição, do que o melhor artista que não passará senão de um intérprete. No entanto, os verdadeiros e autênticos intérpretes são igualmente artistas criadores, pois a recriação da obra existente exige tal identificação com o mundo interior do compositor que não se poderá, no momento de sua execução, tocar outra coisa que não seja precisamente a obra. É claro que a própria personalidade do intérprete pode influir favorável ou desfavoravelmente no aspecto adquirido pela obra executada.

Os simples conhecimentos teóricos de música não servem naturalmente para nada, muito pelo contrário. Como se diz na China: "Ter conhecimento não é ser sábio e ser sábio não é ter conhecimento". Observemos que o saber é, em princípio, algo diferente da experiência e que, de ambos, a experiência é a mais preciosa, não fosse porque ela — e isso também é um fato da experiência! — acaba por conduzir um belo dia ao saber. Enquanto o saber adquirido antes da experiência fecha todos os caminhos que a ela conduzem. Também é essa a razão pela qual os sábios que não são mais do que conhecedores desprezam, na maioria dos casos, a experiência, tida para eles como as uvas verdes eram para a raposa da fábula. O homem de experiência sente um grande respeito pelo saber. Pode-se permitir isso pois sua experiência é o melhor trampolim para alcançá-lo.

Em tempos musicalmente mais vivos que os nossos o amador gozava de grande estima. Philippe Emmanuel Bach dedicou suas obras aos "conhecedores e amadores" e não a seus colegas de profissão. Esse fato não ilustra apenas o desejo do artista de encontrar um eco para sua atividade entre os contemporâneos, desejo de que já falamos anteriormente, mas também o saber instintivo de que a música é questão de sensibilidade interior e de que o compositor cria suas obras para o homem capaz de reagir interiormente.

É conhecida a terrível frase dos atores: "Qual é o animal mais estúpido? O público." Nesta frase não há nenhuma grosseria, nenhuma vulgaridade, mas apenas um profundo desespero. Este pode ser posto em paralelo com a imensa decepção que experimenta o músico diante da ínfima minoria de pessoas que, numa sala de concerto, participa realmente do evento artístico que se produz diante de si. Segundo as épocas, as salas de teatro e de concerto se lotam ou ficam vazias. Ficam vazias quando o público não encontra o que busca; lotam-se quando o público começa a encontrar aquilo de que sente necessidade.

No entanto, as salas públicas de concerto são de existência relativamente recente. Antigamente, os artistas atuavam nos salões de pessoas ricas. Toda a música séria, ou melhor, toda a música verdadeira, que não é necessariamente "séria", era "doméstica". A criação das salas públicas coincidiu com a transformação dos músicos domésticos em músicos públicos e profissionais. Conseqüentemente, é justo dizer que não se faz absolutamente hoje menos música do que outrora. Milhares de modestos executantes, assim como muitos pretensos grandes intérpretes, ainda hoje encontrariam seu lugar melhor em círculos privados do que nos palcos públicos. Por grande que tenha sido nos tempos em que florescia a música doméstica o número dos amadores que tocavam um ou, quase sempre, vários instrumentos, a quantidade dos que não faziam música era elevada. Ora, estes só podiam ser amadores puros no melhor sentido da palavra, pois além de apoiarem os que faziam música nos momentos de lazer, também estimulavam com todas suas forças essa atividade. Seguramente, hoje existem tantos executantes como antigamente, até mais; entretanto, temo que existam menos amadores puros do que outrora, pois aqueles se queixam constantemente de que, em sua casa, são considerados indesejáveis, por pouco que queiram dedicar-se à música. Só a compreensão engendra a paciência.

Quem é o responsável por isso ou a que isso se deve? Só podem ser as transformações sofridas hoje em dia pelos homens em suas atitudes e comportamentos fundamentais frente à vida. É impossível desconhecer o fato de que os excessos de intelectualismo, tal como constatados atualmente, desarmam o homem diante dos fenômenos em que a afetividade e a sensibilidade se encontram em primeiro plano. Daí a recusa da música apresentada por um número crescente de indivíduos, cujo caráter emotivo exige a participação ativa, no plano da emoção, tanto dos executantes como dos ouvintes, pois a indiferença à música significa que ela é simplesmente tolerada. Mas, na verdade, não se a tolera.

Não se diga que são os exercícios técnicos que tornam a música insuportável. É um argumento tão falacioso como o dos inimigos da música ao afirmarem que a suportam e reconhecem seu direito de existência somente quando a execução for perfeita. Enfim, foi justamente na época em que a música era largamente praticada no meio familiar que se devia trabalhar a técnica melhor do que atualmente. A conseqüência se impõe: a *maneira* como se trabalha hoje a técnica instrumental é insuportável, e isso — sejamos sinceros — não apenas, nem de modo especial, é válido para os inimigos da música ou para os que a consideram com indiferença. É ao amador da música que a maneira atual de praticar os exercícios parece aterrorizante.

Não poderemos superar essa fase se não aprendermos a definir com mais exatidão o que seja a essência do amador; não conseguiremos fazê-lo senão na medida em que aprendamos de novo a reconhecer que a música é um assunto puramente interior, ainda que mais não seja porque em sua origem nos emociona interiormente. Quando se tentou, na época romântica, traduzir o conteúdo da música por palavras, isso representou o resultado da tendência de definir objetivamente o que se passa no interior do ser humano. Era natural que essa hermenêutica, essa espécie de exegese literária da música se revelasse um dia insuficiente; mas não constituía razão para se desanimar por completo e considerar com uma espécie de lamentável desprezo os que ainda sentem algo ao executar música e imaginar que tenha ocorrido sabe Deus que progresso e "enfim" que tenha se verificado a coragem de definir a música como um fenômeno sensorial ou, pior ainda, puramente intelectual.

Para se compreender música, será necessária fineza de sensibilidade, fruto da educação estética e psicológica. Apreciar a música significa compreendê-la com a sensibilidade. É justamente o amador que possui as melhores razões para se concentrar o mais possível, durante seus primeiros anos de contato com a música, nessa compreensão sensível à espera de que a formulação, as definições intelectuais dessa compreensão nasçam espontaneamente; só então estará maduro para compará-las com as do mundo profissional da música ou com seus adversários do mundo científico.

Será um mau amador aquele que usa e abusa da música, nela buscando nada mais do que uma excitação de natureza geral, para em seguida poder se entregar a seus próprios sonhos despertos. Inumeráveis entusiastas da música fazem parte dessa categoria de pseudoamadores.

Os que se crêem obrigados a emitir julgamentos técnicos, profissionais, são igualmente falsos amadores. Esses julgamentos repousam freqüentemente sobre uma miscelânea de opiniões sem nenhum fundamento que algum tagarela ou algum maníaco da caneta-tinteiro tenha difundido ao seu redor. Considerando o capítulo precedente desta obra, parece-me inútil abordar extensamente as condições que dão origem ao conceito de verdadeiro amador.

Nada prejudicaria mais a música do que a suspeita que se pode ter, por princípio, contra os sentimentos que a música faz nascer. Se podemos nos enganar em todos os campos, por que não no da sensibilidade? Nenhuma atividade, seja de que ordem for, está isenta de perigos. É falso dizer que os seres humanos são *a priori* corrompidos, estragados pelo que é emotivo e, particularmente, pelo lado emotivo da música. É unicamente o abuso da emoção que corrompe e estraga, e a mediação da música não é de forma alguma necessária. A maioria dos homens é totalmente incapaz de captar e aprofundar os pontos de vista intelectuais suscitados pela música, de modo a formar uma opinião sobre ela segundo esses pontos de vista até conseguir superar as teorias prontas que tenham assimilado e possibilitar-se um caminho para um julgamento pessoal e original.

Em compensação, a emoção constitui parte essencial da própria vida, particularmente importante para todos os que não têm nenhum hábito de pensamento e indispensável para os que querem adquirir uma verdadeira disciplina de pensamento. O saber pela metade é muito mais nocivo que a ausência de todo saber. A cultura pessoal é necessária para a apercepção da música, mas essa cultura nada mais é do que *a formação do ser interior*. O indivíduo que se contenta em retomar por sua conta as conclusões existentes, provenientes de especulações alheias não se educa realmente, não contribui em nada para sua própria formação, pois essas conclusões deveriam ser para cada um de nós o fruto lentamente amadurecido da experiência pessoal. A assimilação pura e simples dos resultados adquiridos por outros não nos dá mais que uma certa bagagem de palavras e idéias, com as quais manipulamos sem pensar, sem verdadeiramente sentir o que quer que seja durante esse exercício, sem que esses jogos vazios de sentido mantenham alguma relação com a nossa própria vida.

Aquele que tem o hábito de se observar, só secundariamente chega a definir seus sentimentos e pensamentos; além do que, isso não é o mais importante. O saber, a definição dos conceitos são verdadeiramente inevitáveis aos que vêm realizando há longo tempo e de maneira conseqüente e a fundo a observação de si mesmos. Em compensação, hoje está demonstrado que é falsa a idéia, cara ao humanismo clássico, segundo a qual bastaria transmitir as conclusões alcançadas através da experiência dos intelectuais ao conjunto dos seres humanos para que estes chegassem automaticamente a um nível interior mais elevado.

É inútil desprezar o empirismo, pois encontra-se suficientemente provado, há algumas centenas de anos, que o desejo de cultura está na ordem do dia, é o único instrumento para a formação do homem. É a vida psíquica interior que forma o ser humano, o que ocorre antes que tenha podido formular seus princípios. O saber por si só não influencia diretamente a formação humana e o exemplo negativo do caso extremo em que esse saber esteja totalmente ausente mostra que a vida afetiva não disciplinada, em desordem, resulta na formação do ser, na sua dilaceração interior.

A necessidade de música experimentada pelo conjunto dos seres humanos é inextinguível. O fato de que em geral prefira-se a música de dança, a música puramente excitante, indica justamente o que nela buscam os homens. A chamada "boa música" resulta hoje evidentemente pouco excitante, a menos que por suas sonoridades e seus ritmos lembre o jazz, que participa no mais alto grau da emoção direta! A teoria segundo a qual a música seria um fenômeno puramente sensorial, não provocando outra coisa senão impressões sensoriais, é um meio refinado para transformar os amadores em fruidores.

Quem são então os fruidores de música? Certamente não serão os verdadeiros amadores, pois gozar conduz do vinho ao álcool para queimar, passando pela aguardente, ainda que se tenha começado pelo licor de alcaçuz. Gozar envilece. Gozar embrutece, conduzindo à vulgarização dos desejos. O desfrutador não vai muito a concertos ou à ópera. A música de dança, a de distração também não o satisfaz, logo cansando-se dela. Por baixo que sempre tenha sido o nível das necessidades musicais das massas, desde que estas se converteram no centro de interesse dos filósofos, sociólogos e artistas, o número dos desfrutadores tem sido bem menos importante do que se poderia pensar. As massas se embriagam com as emoções, enquanto que o desfrutador arruína o seu próprio prazer.

O que é um desfrutador? É aquele que não tem nem a vontade nem a faculdade de deixar nascer em si a emoção psíquica correspondente à música e, de maneira mais geral, às impressões que se lhe oferecem. *Para o desfrutador toda impressão nova é apenas uma ocasião a mais para mergulhar nas próprias emoções, sempre as mesmas, para ficar girando ao redor de seu interior.* Desse modo, termina por sentir vertigem. O que faz o amador é, *a priori,* algo completamente distinto. Busca o enriquecimento e o aprofundamento de si mesmo, procurando encontrar emoções psíquicas que superam, de uma maneira ou de outra, as próprias, as que já conhece. E é assim que adquire a faculdade de diferenciação em música.

As emoções em nós reproduzidas e enraizadas, alargam as fronteiras das próprias emoções, engrandecendo o ser, por pouco que as tenhamos considerado e utilizado em todo o seu alcance. Há mais ainda. Enquanto a consideração puramente sensorial e intelectual da música afasta-nos cada vez mais da própria atividade musical, acabando por nos separar definitivamente dela, a sensibilidade que a música amplia e aprofunda nos impulsiona cada vez mais irresistivelmente a uma atividade pessoal, à atividade em si. Não foi possível prová-lo até o presente por falta da série de experiências precisas por mim indicadas anteriormente. Só o estudo profundo do comportamento humano, das causas de sua atividade e passividade, do prazer e do desprazer de fazer algo por si mesmo, das possibilidades de emoções que traz em si e suas transformações pode conduzir às fontes de início ignoradas.

Constatamos então que a vaidade ou qualquer outra causa exterior nunca resulta suficiente por si mesma para despertar a necessidade de uma atividade pessoal, enquanto a riqueza diferenciada dos universos da emoção psíquica em nós existente, obriga-nos, infalivelmente, cedo ou tarde, a dedicar-nos a essa atividade. O verdadeiro amador extrai da música o maior impulso para sua atividade cotidiana e habitual, mesmo admitindo que não tenha nenhuma possibilidade real de fazer música.

A música tem o poder de encorajar não importa qual forma de atividade. Mas será necessário interessar-se por todos os seus aspectos, se se quiser suscitar em si as formas mais diversas de atividade. Dito de outra maneira, devemos permitir que o universo psicológico dos variados compositores penetre-nos com igual profundidade e força. Aquele que não se apressa em deixar o pequeno mundo de sua personalidade não será um amador ou um conhecedor, e nenhum Philippe Emmanuel Bach dedicar-lhe-á uma obra.

Longe de mim pensar que a propriedade provenha do roubo, sobretudo a propriedade interior. Mas a propriedade, no sentido restrito da palavra, é um erro. Penso que não podemos chegar a firmar nossa própria individualidade senão quando mundos interiores estranhos ao nosso tornem-se, eles também, real e profundamente nossos. Eis justamente a razão da modéstia de todos os grandes homens: sabem perfeitamente que não são nem grandes, nem pequenos, que o mundo exterior lhes forneceu aquilo que trazem consigo, que o universo inteiro se tornou seu universo, não constituindo propriedade sua, mas sua individualidade. *Não nos perdemos, expandindo-nos:* mas aquele que quiser conservar o seu eu, perdê-lo-á.

Quem não se expandir, encolherá, quem estagnar, perecerá. A vida interior está em movimento perpétuo: só são possíveis o avanço ou o retrocesso. O que traz o universo consigo, se enriquece. O que não o acolhe para dele cuidar como se fosse um filho, perderá inclusive o que possui. As faculdades só serão conservadas, quando aprofundadas. Não conheço motivação mais poderosa ao homem, nada mais belo e maravilhoso para sua vida, que sentir dentro de si tudo o que existe, confundindo esse todo com o que é, com o que possui. As monomanias representam passividade. O desfrutador só reage para gozar. Desfrutar significa "permanecer dentro de si mesmo". Para se tornar um homem, é necessário ser ativo, isto é, independente. Completar-se a si mesmo é agir.

Podemos incentivar os que se cegaram sobre as possibilidades de expandir seu ser, de pensarem em retomar suas técnicas. Arthur Nikisch, o maior regente a quem tive a felicidade de assistir em minha vida, dizia sempre: se não sois capazes de tocar música de café-concerto não sabeis tocar em absoluto. Para o verdadeiro artista, o nível das emoções dispensadas à música é de início de pouca ou nenhuma importância. Em cena, o ator representará com igual prazer o papel de um assassino ou de um santo, de um bufão ou de um sábio, de um plebeu ou de um príncipe. A única coisa que conta ao artista é a verdade da interpretação. Não são essas as palavras de Nikisch, mas é o sentido do que dizia. Para o artista, a música ruim é a que não se baseia em emoções psíquicas ou a que se baseia em emoções psíquicas insuficientes.

Não será isso igualmente verdadeiro para o amador? Acaso uma simples natureza morta terá menos valor ao pintor ou ao amante de pintura que uma tela representando as virtudes mais nobres? Em absoluto. Se o amador quiser compreender o artista, será necessário familiarizar-se com a paisagem espiritual deste, cultivando dentro de si o mundo dele. Conseqüentemente, tanto para o artista como para o amador o critério artístico será o mesmo: a autenticidade, a conformidade com determinado clima, com determinada estrutura psíquica.

Poder-se-ia supor que estabeleço aqui exigências ideais, quase irrealizáveis, o que é falso, pois falo de fatos, não de possibilidades. Sempre houve indivíduos que sem preparação escolar e sem exames, interessaram-se pelo mundo que os rodeava, cresceram e expandiram sua personalidade sem se deixarem passivamente guiar pelas indicações exteriores, de sorte que seu microcosmo trazia dentro de si o macrocosmo. Sempre existirão seres de sensibilidade apurada. Sempre se encontrarão seres cuja vida interior é repleta de matizes, de um alcance e profundidade admiráveis.

Os verdadeiros conhecedores da música constituem a vanguarda, as tropas de choque para a massa dos ouvintes que se apertam nos teatros e nas salas de concerto. Se faltasse a vanguarda, a multidão que a segue acabaria por abster-se de escutar música. Mesmo no domínio da música de dança e de distração, a situação é igual. Se os amadores plenos de sensibilidade não tivessem reconhecido a autenticidade e, por conseguinte, o valor da música negra, as massas não iriam ainda hoje dela assistir às mais grosseiras imitações.

A partir das considerações sobre o "amador em si", resulta fácil compreender as suas outras duas categorias. Os que fazem música ou a fizeram no passado, terão a vantagem, graças à sua experiência prática, de se tornarem bons ouvintes e de permanecerem como tal. Isso, aliás, não é totalmente válido dado que as pesquisas estatísticas demonstraram que na maioria dos casos o fato de se fazer música pela metade deteriora a alegria de ouvi-la. O que, por outro lado, resulta compreensível porque o que fazemos pela metade só cria preconceitos, opiniões e teorias, e tudo o que é teórico reveste-se do sedutor poder de nos colocar numa espécie de suficiência.

Quanto menos se aprofundar num assunto, mais julgar-se-á bem informado a seu respeito. Uma vez imbuído dessa idéia, evitar-se-á tudo o que supera o escasso saber adquirido pelo temor instintivo de perder a ilusória certeza ao se comprovar que há mais desconhecido que conhecido. Só a atividade pessoal no domínio da música que permitisse, através da sensibilidade, penetrar a própria essência dessa arte, poderá conservar viva em nós a tendência natural de aprofundar cada vez mais nossos conhecimentos, de nos apropriar de aspectos sempre novos.

Antigamente, as condições ao desenvolvimento dessa atividade eram certamente mais favoráveis que hoje. A prática da música doméstica permitia ao amador aproveitar as lições e a experiência dos outros, durante tanto tempo quanto o que uma tia pudesse dedicar às crianças no ensino musical. O sentido justo da música dificilmente se perdia, pois os alunos não se viam submersos numa quantidade avassaladora de conhecimentos teóricos, e o ensino era quase sempre ministrado segundo o exemplo do pedagogo entre os pedagogos, do criador do universo, tendente a apresentar as indicações e os estímulos com vistas à busca pessoal. "Eis o que existe, aproveita-o se puder!" Mas como pretender que um indivíduo, cujos conhecimentos são puramente exteriores, sem que com isso esteja menos provido de diplomas, trate de reavivar seus conhecimentos mortos impondo-os a seus alunos? Nesse caso, só os amadores suficientemente atilados para não seguirem mecanicamente os conselhos do professor chegam a conservar intato seu senso original da música.

Os exames são necessários em nossos dias, posto que sem eles está proibido saber qualquer coisa. Se quisermos ser, ou melhor, converter-nos em seres vivos, deveremos superar os áridos conhecimentos sobre a teoria da música, suas formas, sua história e seus problemas técnicos, atingindo uma atividade musical interior, isto é, aprendendo a nos concentrar em certos universos afetivos dentro de nós.

O verdadeiro amador sente tão pouca preferência por um determinado compositor como o artista. Falo baseando-me na experiência de toda uma vida. Quem desejar beber sempre o mesmo vinho, demonstrará não ser um verdadeiro amador. Já se conclui que é necessário adquirir desde a primeira juventude os conhecimentos elementares da música, sem os quais não será possível penetrar posteriormente nos arcanos da arte a não ser sob a condição expressa de possuir certas luzes, cujo essencial tratarei agora de definir, visto que constituíram sempre o fundamento de bons amadores e artistas, como em geral de todo os homens excepcionais, como facilmente se poderá demonstrar.

Evoluímos de maneira e ritmo diferentes, segundo o domínio considerado. Vale dizer que trazemos, *simultaneamente, todas as etapas da evolução, desde as mais primitivas até as da completa maturidade.* No entanto, o homem que se inquieta com a própria evolução não a dimensiona, não a percebe, pois do contrário não se preocuparia tanto com sua estagnação interior num domínio determinado. É verdade que a falta de evolução equivale à regressão. Portanto, é necessário saber organizar-se a si mesmo, ordenar de alguma madeira as dificuldades.

É inútil afirmar: neste domínio sou menos dotado que em outro, pois isso é, precisamente, o que se ignora. Simplesmente, num domínio procede-se por instinto, de maneira mais eficaz que em outro, e nada mais. Sob determinados aspectos nunca sequer se tentou fazer algo. É absolutamente indispensável — é o que nos mostra a experiência daqueles que atingiram o máximo em suas atividades — reconhecer que sobre determinado ponto não se é ainda um adulto, permanecendo-se ainda uma criança, até um bebê. Admitida essa verdade será possível aprender algo na idade mais avançada, começando pelos estudos elementares. Estes só são prejudiciais e estéreis, uma vez passada a idade da infância, se se os abordar como adulto, como homem maduro! Trata-se de reconhecer sinceramente que não se sabe nada, começando a trabalhar com a mesma alegria e a mesma falta de preconceitos da criança. É preciso, de certo modo, recuperar a distância em relação a si mesmo, segundo Goethe. É preciso dizer a si mesmo: até o presente, o músico em mim dorme um profundo sono. Os raros instantes em que chega a entreabrir os olhos ou a mover a cabeça não são suficientes. Será preciso despertá-lo.

Mesmo que em todos os domínios do eu tenhamos seguido uma falsa evolução, não seria razão para duvidar de nosssas capacidades originais, não seria razão para que evitássemos os sofrimentos resultantes de nossas dúvidas. Será possível provar que os domínios aos quais não se chegou são de fato aqueles em que menos se trabalhou, onde houve menos profundidade, menos alegria e espontaneidade do que nos campos em que se obtiveram resultados. Bastará um exame superficial de si mesmo para provar que ali onde houve atraso, o sistema pessoal de educação foi defeituoso. Houve simplesmente um equívoco.

Antes de se acusar de falta de talento ou de se dizer inferior aos outros, será preciso primeiro tentar proceder nos campos onde se permaneceu atrasado de maneira idêntica àquela que resultou no êxito em outros setores. Surpreender-nos-emos ao descobrir em nós possibilidades insuspeitadas.

A constância numa determinada atividade exige profundo amor pela mesma. A atividade interior é a verdadeira, diz-se no Oriente. O ato exterior é apenas uma conseqüência da atividade interior, o que é profundamente real. Sempre tivemos falta de objetividade, ou melhor, confundiu-se a objetividade com a ausência total de sensibilidade. *A verdadeira objetividade consiste pelo contrário em concentrar toda a sensibilidade em um único objeto.* Cada vez que o negligenciamos, fica-se para trás; por isso é preciso reconhecer lealmente que nesses casos ficou-se num estado primitivo, contrário ao da maturidade.

A cultura é uma questão de nível; a arte uma questão de sinceridade, ou de autenticidade, se se preferir. O ser humano não se interessa senão pelo humano. Mesmo o extra-humano, é necessariamente julgado pelo homem do ponto de vista humano. Para ele, isso significa ser objetivo. O animal colocado sob o ponto de vista humano não seria objetivo. Igualmente, o homem não seria objetivo se tentasse proceder de uma forma extra-humana. O que, aliás, constituiria um engano, porque é uma impossibilidade. Sendo questão de sinceridade, a arte depende da fineza de sensibilidade, isto é, da estética. Não será a verdade, por acaso, questão de estética?

Todos os seres humanos podem e devem participar de alguma maneira da cultura dos homens de gênio, sem o que o próprio nascimento da cultura nas diferentes épocas, entre os diferentes povos e na humanidade inteira, não seria concebível. É por isso que os problemas oriundos da relação entre a música e a criança são de importância capital. É de fato questão fundamental de estética saber até que ponto é possível fazer com que os indivíduos menos sensíveis participem daquilo que exige sensibilidade mais apurada. Foi por isso que tentamos mostrar a possibilidade de obtê-lo, e só o pudemos fazer, naturalmente, pondo à disposição do leitor os pontos de vista com a ajuda dos quais poderá verificar em si mesmo o valor de nossas afirmações.

Tratou-se, além disso, de defender opiniões, de esclarecer os encadeamentos de pensamentos (pensar, é uma questão puramente intelectual?) geralmente negligenciados. Esperamos tê-lo conseguido, pois os esclarecimentos apresentados sobre a matéria seriam inúteis e sem valor para a cultura geral e a cultura musical, em particular, se não houvesse pessoas que se colocassem de maneira o mais possível idêntica à nossa, observações e experiências, para chegarem, em seguida, a conclusões pessoais semelhantes às nossas, considerando a importância das coisas e dos fenômenos do nosso mesmo ângulo. O verdadeiro amador é aquele que tem a coragem de partir da criança que há nele, pois sabe que o progresso consiste em recomeçar sempre e cada vez melhor.

SOBRE O AUTOR

Cientista musical e professor suíço, de ascendência inglesa, Walter Howard nasceu em Leipzig a 8 de maio de 1880. Aprendeu diversos instrumentos em sua juventude e formou uma orquestra de estudantes, para a qual escrevia músicas. De 1900 a 1903 freqüentou a Universidade e o Conservatório de Leipzig. Nos dois anos seguintes esteve na China, onde coletou música nativa. Em 1905 retomou seus estudos em Leipzig. Foi mandado à Suíça em 1906, ficando lá até 1909 sofrendo de uma anemia perniciosa. De 1909 a 1913 estudou pedagogia e psicologia do sistema nervoso na Universidade de Jena. Lá ministrou palestras, conduziu o coral de trabalhadores ópticos da Zeiss e estudou a aplicação de psicologia e fisiologia na prática de música. Em 1914 fundou uma escola para ensinar suas teorias em Kastel Vilzelt, no Reno, a qual durou até 1925. A partir daí dedicou-se a escrever livros e a ministrar conferências em universidades sobre sua própria teoria: o ensino da estética musical e harmonia, baseado na coordenação do estudo de acústica, psicologia e fisiologia.

Howard foi um dos fundadores da "Volkmusikschule" em Berlim, mas vendo-a a cair no diletantismo desligou-se dela. Após 1926 percebeu que para conseguir seu doutoramento e uma cadeira efetiva precisaria inscrever-se no partido nacional-socialista. Mas não estava disposto a fazê-lo. Passou então a dar aulas particulares de piano, baseado em suas teorias. Independente de qualquer ajuda oficial, Howard ganhou grande reputação. Indesejável às autoridades nazistas, retirou-se para a Suíça em 1936. Mas em 1937 fixou-se na Holanda, país natal de seus avós.

Seus trabalhos incluem:

Rhythmik, Metrik, Ton- und Stillehre (1918); *Buchreihe: Auf dem Wege zur Musik* (29 vols., 1927); *Grundübungen für Klavier*, part 1 (1930); *Wissenschaftliche Harmonielehre des Kunstlers*, part 1 (1932); *Die Psycho-Pädagogik* (1940); *Aesthetik und Musik* (1946); *La Musique et L'enfant* (Paris, 1952) e *La Musique et la Sexualité* (1957).

Faleceu em 1963.

NOVAS BUSCAS EM EDUCAÇÃO
VOLUMES PUBLICADOS

1 — *Linguagem Total* — Francisco Gutiérrez. A Pedagogia da Linguagem Total convida o professor a manipular todos os instrumentos de comunicação de massa, pois "o aluno que se auto-expressa deixa de ser um receptor passivo e passa a ser um perceptor ativo".

2 — *O Jogo Dramático Infantil* — Peter Slade. Para Slade o jogo dramático é uma parte essencial da vida "pois é nele que a criança aprende a pensar, comprovar, relaxar, trabalhar, lembrar, ousar, experimentar, criar e absorver".

3 — *Problemas da Literatura Infantil* — Cecília Meireles.

4 — *Diário de um Educastrador* — Jules Celma. Relato da experiência vivida por um professor, na França, de 1968 a 1969. Celma propôs uma experiência pedagógica que mostrou as falhas da educação tradicional, quanto à autoridade do professor, disciplina, liberdade de expressão dos alunos etc.

5 — *Comunicação Não-Verbal* — Flora Davis. A comunicação não-verbal vem despertando enorme interesse, como reflexo do momento que vivemos: a necessidade que tantos sentem de restabelecer contato com as próprias emoções, expressas de modo não-verbal.

6 — *Mentiras que Parecem Verdades* — Umberto Eco e Marisa Bonazzi. Um levantamento sobre os livros didáticos, que enchem a cabeça das crianças de toda sorte de preconceitos, anacronismos e conformismos. Imprescindível para os professores refletirem sobre a visão do mundo que estão transmitindo aos seus alunos.

7 — *O Imaginário no Poder* — Jacqueline Held. O livro discute as posições mais recentes sobre a literatura infantil. São citados livros infantis de muitos países, possibilitando ao leitor um panorama muito completo.

8 — *Piaget para Principiantes* — Lauro de Oliveira Lima. 20 artigos e ensaios analisando as grandes linhas da obra do genial educador suíço em torno da criança, seu desenvolvimento, e do adulto.

9 — *Quando Eu Voltar a Ser Criança* — Janusz Korczak. Conhecido educador polonês da primeira metade deste século, Korczak apresenta sua visão do relacionamento entre adultos e crianças, numa narrativa de "ficção psicológica" que suscita reflexões e que leva a conclusões de validade permanente.

10 — *O Sadismo de Nossa Infância* — Org. Fanny Abramovich. Este livro aborda o sadismo sob diferentes prismas, centrado na criança, com problemas, depoimentos e interpretações. Os autores recriam, em depoimentos e textos de ficção, o mundo sádico-infantil, menos imaginário do que se pensa.

11 — *Gramática da Fantasia* — Gianni Rodari. O autor propõe recursos destinados a ampliar a criatividade infantil, interligando-a com a experiência da criança no âmbito escolar e no âmbito familiar.

12 — *Educação Artística — luxo ou necessidade* — Louis Porcher. Livro básico para os cursos de Educação Artística. Apresenta um painel das atividades expressivas — música, teatro, poesia, desenho, dança, audiovisuais — numa linguagem fácil e despretensiosa.

13 — *O Estranho Mundo que se Mostra às Crianças* — Fanny Abramovich. Qual é o mundo que os autores — de literatura, de teatro, de música, e assim por diante, chegando até os brinquedos — apresentam às crianças de nossos dias? Uma análise realista e construtiva da questão.

14 — *Os Teledependentes* — M. Alfonso Erausquin, Luiz Matilla e Miguel Vásquez. Uma análise lúcida da problemática da TV, sobretudo sob o prisma da educação infantil, em todos os seus aspectos: telefilmes, séries, anúncios, programas ao vivo etc.

15 — *Dança, Experiência de Vida* — Maria Fux. Um grande nome da dança contemporânea expõe sua experiência de mais de 30 anos, como coreógrafa e bailarina e, sobretudo, como educadora. O livro mostra como nos expressar através do corpo, como meio de comunicação a serviço da educação.

16 — *O Mito da Infância Feliz* — Org. Fanny Abramovich. Uma reflexão sobre o mito da "infância feliz", feita por educadores, escritores, jornalistas, dramaturgos e outros. São contos, relatos e ensaios sobre o tema.

17 — *Reflexões: A Criança — O Brinquedo — A Educação* — Walter Benjamim. Ensaios de um dos mais importantes pensadores de nosso século sobre a vida estudantil, os brinquedos, os livros infantis e outros temas.

18 — *A Construção do Homem Segundo Piaget — Uma teoria da Educação* — Lauro de Oliveira Lima. Um guia para os já iniciados em Piaget, e para aqueles com pouco contato com seu pensamento. Em 50 pequenos textos, são comentados os pressupostos da visão de Piaget.

19 — *A Música e a Criança* — Walter Howard. Livro destinado a todos os educadores, no sentido mais amplo da palavra. Relaciona a música com a leitura, a ginástica, a percepção das cores, a arquitetura e outros campos.

20 — *Gestaltpedagogia* — Olaf-Axel Burow e Karlheinz Scherpp. O primeiro livro a mostrar a contribuição que a Gestalt pode trazer à pedagogia. Ajuda o pedagogo a entender a Gestalt e aplicá-la em seu trabalho.

21 — *A Deseducação Sexual* — Marcello Bernardi. Uma crítica contundente da educação sexual, tal como hoje existe e é praticada. Uma denúncia das falsas colocações em torno da sexualidade infantil, do educador e do binômio prazer-amor.

22 — *Quem Educa Quem?* — Fanny Abramovich. O que significa ter um diploma? Como se situa, hoje, a educação artística? A autora procura responder a estas indagações com base na realidade da educação brasileira.

23 — *A Afetividade do Educador* — Max Marchand. A educação exige uma das formas mais elevadas de doação de si mesmo a uma outra pessoa. Este despojamento permite uma formação autêntica do homem na criança: eis o tema deste livro exato e sugestivo.

24 — *Ritos de Passagem de nossa Infância e Adolescência* — Org. Fanny Abramovich. Escritores, professores, jornalistas, músicos, dramaturgos, sob a forma de ficção ou depoimento, discutem a iniciação ou ruptura feita em situações vitais: a sexualidade, o amor, a religião, a morte.

25 — *A Redenção do Robô* — Herbert Read. A fundamentação filosófica da educação artística, solidamente apoiada em grandes pensadores.

26 — *O Professor que não Ensina* — Guido de Almeida. Uma análise do conteúdo temático de redações de professores e de especialistas em educação. É um levantamento bem-humorado da ideologia educacional brasileira.

27 — *Educação de Adultos em Cuba* — Raúl Ferrer Pérez. O livro descreve o processo de erradicação do analfabetismo em Cuba, com sua teoria e prática.

28 — *O Direito da Criança ao Respeito* — Dalmo de Abreu Dallari e Janusz Korczak. Dois mestres, duas visões, confluindo para um objetivo comum: uma lúcida, humana e intensa manifestação sobre os direitos da criança, sobretudo ao respeito.

29 — *O Jogo e a Criança* — Jean Chateau. Neste livro, o autor nos mostra as relações entre o jogo e a natureza infantil e até que ponto o despertar do comportamento lúdico está ligado ao da personalidade.

30 — *Expressão Corporal na Pré-Escola* — Patrícia Stokoe e Ruth Harf. Definir a expressão corporal, situá-la no contexto da educação sistematizada, destacar sua importância para a atividade específica da pré-escola são os objetivos desse livro.

31 — *Estudos de Psicopedagogia Musical* — Violeta Hemsy de Gainza. Este livro nos faz refletir e conhecer o alcance da pedagogia musical abrindo um campo não restrito aos conservatórios ou à leitura de partituras ou apenas à criação de barulhos.

32 — *O Desenvolvimento do Raciocínio na Era da Eletrônica — Os Efeitos da TV, Computadores e "Videogames"* — Patrícia Marks Greenfield. Este livro estabelece paralelos entre a linguagem escrita, o rádio, a TV, os *videogames* e o computador e suas influências no desenvolvimento da criança.

33 — *A Educação pela Dança* — Paulina Ossona. A autora analisa a importância da dança, com um enfoque metodológico claro e orienta professores na busca de novos valores.

34 — *Educação como Práxis Política* — Francisco Gutiérrez. Uma análise política, sistemática e globalizante da educação, combinando escola e vida.

35 — *A Violência na Escola* — Claire Colombier e outros. Depoimentos e análises, sobre um problema que inquieta cada vez mais os educadores e os próprios pais e alunos.

36 — *Linguagem do Silêncio — Expressão Corporal* — Claude Pujade-Renaud. Um texto aberto, não tecnicista, fazendo refletir sobre o espaço educacional do corpo. Descreve exercícios, transcreve depoimentos, posicionando a expressão corporal no todo da educação.

37 — *O Professor não Duvida! Duvida!* — Fanny Abramovich. Um estudo bem-humorado e muito realista das mudanças consentidas e das mudanças conquistadas no Brasil, com indagações e propostas sobre o novo, difícil de se atingir, e o velho, difícil de se afastar.

38 — *Confinamento Cultural, Infância e Leitura* — Edmir Perrotti. A formação de leitores no Brasil é tratada aqui como algo que vai muito além das políticas pragmáticas e salvacionistas e passa pela análise da estrutura familiar e do processo urbano.

39 — *A Filosofia Vai à Escola* — Matthew Lipman. O ensino da filosofia nas escolas de 1º e 2º graus é aqui defendido como uma forma de oferecer às crianças e aos jovens a oportunidade de discutir conceitos universais e desenvolver um espírito crítico.

40 — *De Corpo e Alma — o discurso da motricidade* — João Batista Freire — Um livro de filosofia da educação, preocupado com o processo de crescimento do indivíduo em sua íntegra — do coração ao fígado. Um questionamento profundo do universo escolar, dos caminhos do aprendizado, buscando criar um aluno diferenciado que não viva à procura de modelos preestabelecidos.

41 — *A Causa dos Alunos* — Marguerite Gentzbittel. Um novo olhar sobre os adolescentes. Percebendo os alunos não só como um cérebro e uma nota no boletim e analisando-os como um corpo, como criaturas realizadas ou não, mentirosas ou solitárias, risonhas ou tristes.

DAG GRÁFICA E EDITORIAL LTDA.
Av. N. Senhora do Ó, 1782, tel. 857-6044
Imprimiu
COM FILMES FORNECIDOS PELO EDITOR